Andreas Eikenroth

Razzia, Rock und Rambazamba
Gießener Kneipengeschichten

Wartberg Verlag

Bildnachweis

Stadtarchiv Gießen: Seite 5, 22, 23 o. 25 o., 29,33,34, 71; Hans Müller: Seite 6; Leo Vogler: Seite 7;
Eberhard Käs: Seite 9, 10; Wolf Schreiber: Seite 11, 14 o., 16 o., 17 o.; Peter Turczek: Seite 12, 13;
Andreas Eikenroth: Seite 14 u., 15, 16 u., 17 u., 25 m., 30, 31, 32, 35, 62, 64, 67, 68, 69, 73, 75, 76, 77 o. & u.;
W. Kroh: Seite 18, 81; Siobhan Prendergast: Seite 19, 20 u., 21; GAZ: Seite 20 o., 88, 91; M.Minor: Seite 22, Cover l.;
H. Graumüller: Seite 23; Helmut Appel: Seite 24; Zdenka Kramer: Seite 25, 26, 27; Tobi Bach: Seite 28, 29, 58 u.;
Oberhessisches Museum: Seite 34; Privat: Seite 36; Hans-Michael Kirstein: Seite 37; Peter Tydeman: Seite 38, 39, 40,
Cover o. l. & u. l.; Gunter Klug: Seite 42, 43, 47, 55, 57, 65, 66, 70, 74; Rolf-Dieter Greilich Seite 43, 44, 45, Cover o. r.;
Heike Fredrich-Grohs: Seite 47, 48; Rüdiger Nakat: Seite 48, 50; Rosi Altensen: Seite 52; Jürgen Söhngen: Seite 51, 52, 53, 54;
Heinz Mohr. Seite 55, 56, 57, 58; Martin Kalbfleisch: Seite 59, 60, 61; Dagmar Titsch: Seite 64, 65; Heike Preuss: Seite 70 u.;
Reiner Wosch: Seite 72; Britta Prell: Seite 73, 75; Philipp Lampert: Seite 77 m. 86; Marianne Jung: Seite 78, 79, 80, Cover m.;
Gaby Prinz: Seite 82, 83; Dirk Daniel Mann: Seite 84, 85, 86, 87; Michael Haller: Seite 90, 91; Gabi Rudolph: Seite 92, 93, 94

Dank

Dieses Buch konnte natürlich nur durch die Menschen entstehen, die die Kneipenzeit der 1960er- bis 2000er-Jahre miterlebt und geprägt haben. Deshalb hier erst einmal einen Riesendank an alle, die Spaß daran hatten, sich an diesem Projekt zu beteiligen und ihre Erinnerungen und Anekdoten zu teilen.

Ein ganz besonderer Dank auch an diejenigen, welche in den Zeiten weit vor der Erfindung des Smartphones ab und an eine Kamera mitschleppten und so ein Stück Nachtleben dokumentiert haben:

Hans Müller, Christian „Kiki" Paulke, Dieter, Leo & Doro, Eberhard Käs, Maurice Zach, Peter Turczek, Wolf Schreiber, Rainer und Hermine Siebert, Siobhan Prendergast, Zdenka Kramer, Helmut Appel, Bridge C. Vargo (†), Tobi Bach, Heike Siebels, Jutta Failing, Karin, Peter Tydeman, Michael Keil, Rolf-Dieter Greilich, Haiko Schimpf, Heike Fredrich-Grohs, Rüdiger „Nak" Nakat, Gaby Prinz, Rosi Altensen & Frank Schulze, Jürgen Söhngen, Heinz Mohr, Martin Kalbfleisch & Ali, Dagmar „Gene" Titsch, Arno G. Baumgärtel, Gunter Klug, Horst, Ingrid und Konstanze Gerbig, Dede, Rainer Wosch, Heike Preuss, Britta Prell, Marianne Jung, Mahmud Hashash, Philipp Lampert, Hans-Peter Ludwig, Martina Schumann, Fred Seibert, Michael Haller, Lothar Görbing, Volker Seidler, Winfried Kroh, Reinhard Rätzel, Dirk -Daniel Mann, André Lotz, Herbert Nowacki, Gabi Wölfl, Helgard Rudolph, sowie der Gießener Allgemeinen und dem Gießener Anzeiger, dem Gießener Stadtarchiv, dem Oberhessischen Museum, den Mitgliedern der Facebook-Gruppen „Historische Mitte Gießen" und „Ausweg 1.02".

Und natürlich ganz besonders an alle, die ich vergessen habe.

2. Auflage 2024
Alle Rechte vorbehalten, auch die des auszugsweisen Nachdrucks
und der fotomechanischen Wiedergabe.
Layout und Satz: Christiane Zay, Passau
Druck: Druck- und Verlagshaus Thiele & Schwarz GmbH, Kassel
Buchbinderische Verarbeitung: Buchbinderei S. R. Büge, Celle
© Wartberg-Verlag GmbH
34281 Gudensberg-Gleichen, Im Wiesental 1
Telefon: 0 56 03-9 30 50
www.wartberg-verlag.de
ISBN 978-3-8313-3552-7

Inhalt

Einleitung: Die längste Theke Hessens	4
Pits Pinte – Steinmeier, Darts und nackte Männer	5
Hawwerkasten – Herr Käs, Frau Merkel und die älteste Wirtschaft der Stadt	9
Domizil – Underground, Kicker und eine berühmte Jass-Band	11
Irish Pub – Karaoke, Bands und eine echte Irin	18
Bermudadreieck und Quantum – Von der Putzfrau zur Wirtin	22
Ulenspiegel – „BSW"-Dienst im proppenvollen Biergarten	28
Shanghai an der Lahn – Von berüchtigten Bars und Spelunken	32
Ascot – Dicke Autos und wilder Fasching	37
K. W., Le Mans und Unikum – Vom Kaiser Wilhelm zum K. W.	42
Alte Kate – Flipper, Billard und eine Eisenbahn zu Weihnachten	47
Oktave – „Nak! Sex Machine!"	49
Grüner Kranz – „Humba Täterä" und das schönste Straßenfest Gießens	51
Zwibbel, Klimbim und Haarlem – Hochwasser, vergessene Gäste und geklaute Weihnachtsbäume	55
Bonaparte – Von Strippern, schrägen Gästen und einem unerschütterlichen Wirt	59
Brezel – Proteste, Klimaanlage und Erichs Rache	63
Bahndamm – Wo die Zeit konserviert wurde	66
Scarabee – Udo, Marius, Otto und ein Bankräuber	70
Sowieso – Rotwein, Baguette und noch 'ne Razzia	73
Red Brick – Szenetreff aus rotem Ziegelstein	78
Tenne – Rustikale Baumstämme und ein ins Wasser gefallenes Straßenfest	82
Ausweg – Rambazamba und Die Toten Hosen	84
En Vogue – Boxer, Türsteher und ein nächtlicher Ausflug	88
Pulvermühle – Familienfeiern, Stammtische und ein großer Biergarten	92
Schlusswort: Anders, aber prima	95

Die längste Theke Hessens

Es ist noch gar nicht allzu lange her, da hatte Gießen noch über 300 Kneipen. Die Ludwigstraße war über die Stadtgrenzen hinaus als „die längste Theke Hessens" bekannt und die Stadt selbst als „Shanghai an der Lahn" berüchtigt.

Das liegt einerseits daran, dass Gießen eine Studentenstadt samt Fachhochschule ist und Studenten, jedenfalls in den Zeiten, als man sich für das Studium noch länger Zeit lassen konnte, ziemlich durstig waren. Und andererseits war Gießen seit langer Zeit eine Garnisonsstadt mit amerikanischen und deutschen Kasernen, deren Soldaten nach dem Dienst das Nachtleben auch ziemlich auf Trab halten. Außerdem kommt auch noch der gebürtige Gießener, der „Schlammbeiser", dazu, den es im letzten Jahrhundert viel häufiger raus aus dem eigenen Wohnzimmer trieb. Damals wurde an den Kneipentheken und auf den Barhockern mehr Abwechslung geboten, als in den drei Programmen des deutschen Fernsehens. Dementsprechend bestand ordentlich Bedarf für Glasbiergeschäfte aller Art.

Das ist nun zwar alles schon eine Weile her, aber bei unserem Rundgang durch die Gassen und Straßen der Stadt treffen wir heute auf einige Wirtinnen und Kneipenbesitzer, auf Stammgäste, Rausschmeißer und Bedienungen, die sich an die stürmischen Zeiten in den Kneipen erinnern und uns ein paar spannende Einblicke gewähren.

Ob diese Geschichten am Ende alle hundertprozentig der Wahrheit entsprechen oder manche Anekdote in der Erinnerung vielleicht etwas verklärt und aufbauscht wird, ist dabei eigentlich ziemlich egal. Was zählt, sind der Widerhall, das Lebensgefühl und der Rückblick in eine Zeit, in der die Kneipe für viele noch das zweite Wohnzimmer war. Wo man sich, als Handys und Internet noch maximal unbedeutend im Alltag waren, am Tresen verabredete, rauchend und trinkend zusammensaß, dann weiterzog und in der nächsten Spelunke noch einen draufsetzte oder zum Tanzen in eine der Gießener Discos ging.

Auch wenn es viele der „Institutionen" längst nicht mehr gibt, so ist doch noch ein guter Schwung vorhanden, teilweise unter anderem Namen und mit neuem Besitzer, teils auch noch, unerschütterlich wie ein Fels in der umstürmten Brandung, von ihren alten Wirten und Wirtinnen betrieben und somit ein Teil der Stadtgeschichte.

Dass unser Streifzug dabei nur einen Ausschnitt des einst ausufernden Nachtlebens erfassen kann, liegt auf der Hand. Werfen wir uns also in den „leichten Trinkanzug" und starten unsere Kneipentour durch die Innenstadt in „Pits Pinte", ganz in der Nähe des alten Friedhofs an der Gabelung Licher Straße/Grünberger Straße.

Pits Pinte

Steinmeier, Darts und nackte Männer

Durch den schmalen Biergarten mit den hohen Bäumen und der alten „Gießener Bier"-Beleuchtung geht es ein paar Stufen hoch in das markante, rote Eckhaus. Als „Krokodil" ist der Laden mit dem hinten angeschlossenen „Kaiser-Café" an der Grünberger Straße schon seit Jahrzehnten für seine gutbürgerliche Küche bekannt, wo auch gerne Hochzeiten und allerlei familiäre Feste abgehalten werden. In der wirtschaftlich schwierigen Nachkriegszeit sind dann aber auch irgendwann die Tage des „Krokodil" gezählt. Als neuer Inhaber steigt Peter „Pit" Ackermann ein, der die Speisegaststätte zur Kneipe mit Biergarten umfunktioniert und als neuer Namensgeber „Pits Pinte" ins Leben ruft.

Als sich Ackermann dann Ende der 1970er-Jahre mit der „Alten Kate", die er auch noch betreibt, ausreichend beschäftigt fühlt und die Pinte nicht so viel Umsatz wie gewünscht abwirft, übernimmt Johann „Hans" Müller den Laden. Der Name bleibt, aber Hans, der schon einige Jahre zuvor dort hinterm Tresen gestanden hat, hat nun die Leitung.

Hans erzählt: „Als ich die Kneipe übernommen hab', stand hinten in der Küche noch so ein alter Kneipenherd, der war mit einer Plane überdeckt. Der Backofen diente zuvor auch als Tresor für die Einnahmen und wurde mit einem Bügelschloss zugemacht. Als ich die Plane runtergezogen hatte, stieß ich darunter

Zu „Krokodil" Zeiten waren die Bäume noch erheblich kleiner.

Postkarte, nicht vom Nil, aber mit „Krokodil".

Die Bäume wuchsen, der Durst auch.

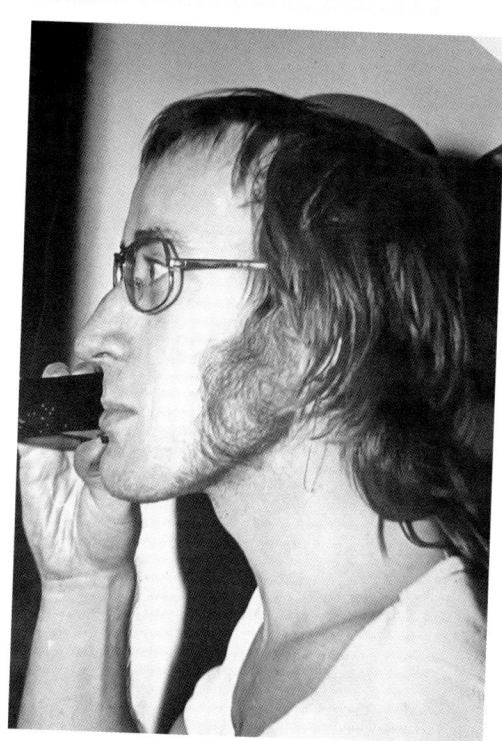

Wirt Hans

ich als Erstes in die Pinte gegangen. Die Wände waren damals noch grün, an den Fenstern hingen blassgelbe Stores, und es gab keine einzige Pflanze hier drinnen. Ich weiß noch, wie ich mir ein Alt bestellen wollte, was aber zwanzig Pfennig teurer war als ein Pils. Also hab' ich 'n Pils geordert und der damalige Mann hinterm Tresen meinte zu mir: ‚Jawoll, ein deutscher Mann braucht ein großes Pils.' Da dachte ich mir, hierher kommste eher nicht mehr hin. Aber man sieht ja, wie konsequent ich das durchgezogen hab", lacht Kiki. „Hans hat dann ja später überall Pflanzen aufgestellt und Blumenampeln hingehängt, in der Galerie

auf eine Fettschicht, die fast den kompletten Herd umschloss. Als ich die endlich abgekratzt hatte, konnte man dann auch bis zu den Schrauben vorstoßen, um das Ding abzumontieren. Danach hab' ich mich beim Amt erkundigt, wie groß mindestens eine Vollküche sein muss, hab' das auf's Nötigtse verkleinert und die Zwischenwand eingezogen." Ein Restaurant wird die Pinte zwar nicht mehr, aber ein paar Kleinigkeiten zum Bier gibt es auf jeden Fall. Und Hans' Soleier, die damals noch in einem riesigen Glas auf der Theke stehen und in seiner Spezialmarinade eingelegt werden, sind der Renner. Ebenso wie der Handkäs' mit Musik, den er immer frisch vom Markt holt.

Kiki, der eigentlich Christian heißt und im Lauf der Jahre vom Stammkunden zum guten Geist der Pinte wird, was von Hausmeistertätigkeiten bis zum Reinigen der Zapfanlage geht, erinnert sich: „Anfang der 1980er-Jahre bin ich durch den Zivildienst nach Gießen gekommen. Da meine WG in der Nähe lag, bin

Gut bürgerlich in frühen Jahren.

Rätzel hat er sich dann Bilder und Drucke rahmen lassen von Escher und Miró. Die Kunst war ihm schon wichtig, die Bilder hat er dann mit Strahlern ordentlich in Szene gesetzt. Der hat aus der Kneipe richtig was gemacht. Als ich anfänglich herkam, liefen hier auch erst mal nur Freddy und so alte Schlager. Bei Hans kam dann mehr richtiger Rock aus den Boxen. Die Bedienungen haben auch immer mal Mixkassetten aufgenommen und mitgebracht.

Ich hab' dann später für den oberen Raum auch 'ne Bühne gebaut, so als Stecksystem, die man nach den Auftritten immer wieder wegräumen konnte. Behrend, der am Tresen arbeitete, hat Konzerte und Ausstellungen organisiert. Wobei, er hat eher die Ideen dafür gegeben, organisiert haben das mehr so die anderen", ergänzt Kiki grinsend. „Ansonsten war Hans aber nicht unbedingt für Veränderungen zu haben. Sonntags war ja immer eher mau, also hab' ich vorgeschlagen, dass man oben im Raum eine Dartscheibe anbringen könnte. Da musste ich Hans aber erst mal lange überreden. Doch die war nachher so gut frequentiert, dass wir unten den hinteren Teil der Theke abgesägt haben, um dort richtig Platz für die Darter zu schaffen. Das wurde dann alles noch schön mit Schlafzimmerteppich ausgepolstert.

In der Wendezeit wollte sich die Licher Brauerei, die die Pinte belieferte, eher weltweit aufstellen, und so kam die Gießener Brauerei, also Denninghoff, zum Zuge und kaufte das Haus. Als Erstes ließ er den Bierkeller weiß streichen, weil er meinte, der Ruf einer Kneipe wird in erster Linie von den Bierfahrern bestimmt, und wenn die 'nen ordentlichen Keller sehen, wird die Kneipe immer einen guten Leumund haben."

Wenn es was Größeres zu reparieren gibt, kommt Brauereibesitzer Denninghoff auch mal selbst vorbei und legt Hand an, um das Geld für die Handwerker zu sparen. Dieter, Stammgast in der Pinte, erinnert sich: „Nachdem er mal draußen an der Dachrinne was ausgebessert

Gefeiert wird in der „Pinte" auch weiterhin.

hatte, hat er drinnen den Gästen 'ne Lokalrunde spendiert. Aber nur denen, die sein Gießener Bier getrunken haben, die Äbbelwoitrinker mussten ihr Stöffche selbst bezahlen."

Zu Fasching geht es immer hoch her, zumal der Zug direkt an dem zur Straße gelegenen Biergarten vorbeiführt. Kiki: „Ich hab' vorne an der Straße Schnäpse verkauft, und es war bitterkalt, minus 12 Grad. Ich hatte mir zwar von den Handschuhen die Fingerspitzen abgeschnitten, aber auf Dauer hat das nix gebracht. Ich hab' nach Glühwein zum Aufwärmen geschrien, aber da die Bude drinnen rappelvoll war, hat mich keiner gehört. Vom Prinzenwagen wollte sich einer der angetrunkenen Jecken anscheinend meiner erbarmen und hat 'ne volle Bierflasche nach mir geworfen. Die konnte ich gerade noch so abwehren und als sie auf dem Boden aufschlug, schlitterte der zum Klumpen gefrorene Inhalt über das Pflaster."

Auf die Frage, ob denn nun, wie man oft in Gießen hört, Frank-Walter Steinmeier, der ja immerhin 15 Jahre in der Stadt lebte, Stammgast in der Pinte war, meint Hans: „Das kann ich echt nicht sagen. Hier kamen so viele Leute rein, da müsste ich lügen. Bei mir vorgestellt hat er sich jedenfalls nicht, aber dass er öfter mal da war, ist natürlich schon möglich." Denn zu den ganzen „normalen" Gästen gesellen sich auch allerlei Stammtische, die die Pinte füllen. Die „Go"-Fans halten dort ihre Spieleabende ab, die „Ingenieure ohne Grenzen" treffen sich und dann natürlich die Sportler, allen voran die Jungs vom Rugby-Club, die nach dem Spiel auch gerne mal nackt auf den Tischen tanzen. Dieter erzählt: „Ich bin mal mit 'nem Kumpel, der mich aus Berlin besuchte, in die Pinte. Das Erste, was er sah, war ein nackter Mann auf dem Barhocker, direkt vorn an der Türe. Dessen gesamte breite Rückansicht durfte er beim Eintritt in die Pinte erst mal ausgiebig bestaunen. Der meinte dann bloß, so was hätte er noch nicht mal in Berlin geseh'n."

Da es bei den Rugby-Runden ab und an hoch hergeht, muss auch bisweilen der ein oder andere Bierstiefel dran glauben, der dann die Runde macht. Hans erinnert sich: „Ich hab' den Jungs gesagt, sie können nicht jedes Mal 'nen Stiefel kaputt machen. Die Dinger sind schließlich nicht ganz billig. Darum sind sie dann dazu übergegangen, statt 'nem Bierstiefel eine Plastikgießkanne zu nehmen. Die hat etwas zweckentfremdet auch ihren Zweck erfüllt. Aber so richtig Ärger gab's ansonsten eigentlich nie. Ich glaube, für Leute, die Ärger suchten, war die Pinte einfach zu ruhig. Außerdem hab' ich meinen Mitarbeitern immer gesagt, dass sie das Hausrecht haben. Wenn einer Ärger sucht, konnten die ihn gleich vor die Tür setzen, da stand ich immer hinter ihnen.

Bei meinen Mitarbeitern hab' ich eh immer drauf geachtet, dass das selbstbewusste Leute sind. Wenn ich da so Kneipen sehe, wo immer nur die gleich aussehenden, blonden Mädchen hinter der Theke stehen, nee, das ist mir ein Graus." So kommt es dann auch, dass Leo und Doro, die in der Pinte arbeiten, 2015 den Laden ganz im Sinne von Hans übernehmen. Der hat sich nach zwei Schlaganfällen gesagt, dass er zu seinem 70. Geburtstag aufhört, auch wenn er der Pinte noch weiterhin auf der anderen Seite der Theke erhalten bleibt.

Wir trinken aus und ziehen weiter Richtung Landgrafenstraße.

Hawwerkasten

Herr Käs, Frau Merkel und die älteste Wirtschaft der Stadt

Am Landgraf-Philipp-Platz liegt die wohl älteste Wirtschaft der Stadt, der „Hawwerkasten". Und Eberhard Käs ist möglicherweise der älteste Stammgast der Stadt, jedenfalls aber des „Hawwerkasten", denn hier verkehrt er schon seit 1959. „Ich war auf der Ingenieurschule gegenüber, die dort in den 50ern ihre Baracken hatte. Die waren so zugig, dass es

Wirt Bruno im Gespräch mit Heinrich Fiedler.

Herrenrunde in den Fünfzigern.

Stammtisch in den Siebzigern, die Frauenquote steigt.

uns die Blätter bei geschlossenen Türen von Tisch wehte. Damals war ein Herr Schmitz der Pächter vom ‚Hawwerkasten', und oben gab es noch, dort, wo heute die Wohnungen sind, ein Sälchen, in dem wir Semesterfeiern abgehalten haben. Einige Dozenten waren dabei so durstig, dass sie nicht mehr allein nach Hause gefunden haben. Zum hundertjährigen Jubiläum habe ich 2005 ein Heft über die Geschichte des ‚Hawwerkasten' gemacht. Zur Recherche bekam ich damals noch einen Termin bei der alten Frau Schmitz, aber bevor die zu erzählen anfing, musste ich mit ihr erst mal einen Kleinen trinken. Als ich raus bin, war ich zwar etwas angeschlagen, aber dafür hatte ich alle Informationen, die ich suchte."

Und damit wir auch in den Genuss der Festschrift kommen, hier mal ein kurzer Einblick in seine Recherche:

Johann Heinrich Ihrig, der auch die Licher Brauerei gründete, hatte 1904 die Idee für ein Gebäude, welches Gastronomie und Metzge-

Kanzlerin Merkel mit Raute und Eberhard Käs.

rei unter einem Dach vereint, zunächst noch als „Haberkasten", was eben den mit Hafer gefüllten Futtertrog für die Gäule meint. Der schöne Jugendstilbau mit seinem Rundbogenportal und den Rundbogenfenstern war anfangs noch dreigeschossig, hat aber im Krieg zwei Geschosse einbüßen müssen. In den 1950ern wurde das Haus um eine Küche erweitert und in den 80ern gab es noch mal einen Umbau, der den Schankraum erweiterte. In dieser langen Zeit waren die jeweiligen Wirtsleute ihrem Laden dabei recht treu, denn bis heute gibt es nur sieben Pächter.

Los ging's mit einem Herrn Jacob Kunz, der auch die gleichnamige Metzgerei in der Bleichstraße eröffnete. Kurz nach dem Ersten Weltkrieg, 1919 haben Karl und Anna Fiedler den Laden bis 1934 geführt. Zu der Zeit nistete sich dann die SA dort ein. Wegen Zechprellereien und Tumulten gaben sie das Geschäft schließlich auf. Für die dunklen Jahre von 1934 bis 1948 gibt es keine verwertbaren Aussagen, ab 1949 begann dann die Ära von Hans Schmitz, der zuvor mit seiner Frau Sophie das im Krieg zerstörte „Ventilchen" in der Sonnenstraße geführt hatte. Die Ära dauerte stolze 32 Jahre. Anfang der 1980er-Jahre übernahmen die Kesslers den frisch umgebauten Gasthof bis 1995, danach die Familie Riek, die aber schon mit dem „Schipkapass" ziemlich ausgelastet

war und deshalb nach drei Jahren das Staffelholz an Bruno und Siggi weitergaben, die den „Hawwerkasten" wieder zu einer beliebten Anlaufstelle machten. Ab 2013 übernahm dann Maurice Zach-Zach die Kneipe, wo sie heute noch in guten Händen ist.

Herr Käs erinnert sich: „Ich war ja als Student auch sonst viel in der Stadt unterwegs, auch in der ‚Atlantik-Bar', die später die ‚Queen' beziehungsweise das ‚En Vogue' war. Da spielten ein paar Ami-Bands Jazz. Als ich Anfang zwanzig war, hab' ich dort auch immer mal ausgeholfen, da ich Akkordeon und Klavier spielte, auch in der ‚Bristol Bar' oder ‚Moulin Rouge'. Das war prima, denn als Musiker bekam man Personalpreise. Da hat dann das Bier 70 Pfennige statt fünf Mark gekostet. So hab' ich wohl auch damals zwei Semester in der Szene verloren. Nach dem Studium war ich dann viel im Außendienst, Pakistan, Nepal, China, da war ich eine ganze Weile nur sporadisch im ‚Hawwerkasten'. Erst als der Bruno Meißner-Jox mit seiner Frau Siggi, der vorher den ‚Ludwigshof' gegenüber der ‚Zwibbel' hatte, den Laden übernahm, war ich, da ich mittlerweile Rentner war, wieder regelmäßig hier. Der Bruno war die Seele des Ladens, ein bemerkenswerter Chaot", lacht er.

Als Kanzlerin Merkel im Rahmen des Wahlkampfes 2017 auf dem Brandplatz eine Rede hält, ereilt sie kurzfristig ein dringendes, menschliches Bedürfnis. Der nahegelegene „Hawwerkasten" kann da Abhilfe schaffen und Eberhard Käs, der zufällig gerade an der Theke sitzt, nutzt den Moment und lässt sich vom späteren Kanzleramtsminister Helge Braun spontan mit der erleichterten Kanzlerin direkt vorm „Hawwerkasten" ablichten. Das passiert ja schließlich auch nicht alle Tage!

Domizil

Underground, Kicker und eine berühmte Jass-Band

Wir gehen weiter durch die Braugasse und bald auf der schmalen Treppe hinab ins „Domizil". Der Keller ist in seiner Anfangszeit noch eine waschechte Jazzkneipe. Und so ist es dann auch kein Wunder, dass sich in diesem Gewölbe Anfang der 1970er-Jahre Gießens erfolgreichste Jazzband gründet, die „Lahn River Jassband". Genau, „Jass" – das ist jetzt kein Schreibfehler, sondern die Original New Orleaner Schreibweise aus der vorletzten Jahrhundertwende, weiß Peter Turczek. Turczek, der auch weit über die Region hinaus als Initiator der „Golden Oldies" in Wettenberg und Gründer des Laubacher „Blues-, Schmus- und Apfelmus-Festival" bekannt ist, erzählt, wie die Band zusammenkam: „Damals hab' ich noch in Gießen studiert und nebenbei mit meinem Banjo in einer Skiffle-Gruppe gespielt. Drum bin ich auch ins Domizil, denn dort traf sich die hiesige Jazz-Szene und spielte dort abends auf. Als ich mir die Jungs ansah, dachte ich, dass da ja eigentlich noch ein Banjo fehlt. Also hab' ich angefragt, ob sie Lust auf Verstärkung hätten. Die haben mich dann auch direkt losgeschickt, um mein Instrument zu holen. Das Argument, dass ich in Wetzlar wohnte, hat nicht gegolten und da sie mir im Gegenzug ‚Hütchen', also Dujardin mit Cola, versprochen haben und ich als Student notorisch knapp war, bin ich gleich mit meinem Citroen 2CV nach Hause gebrettert und hab mein Banjo geholt. Blöd war bloß, dass

Der Eingang in den „Domizil"-Keller.

Zeitungsankündigung für die Jazz-Konzerte aus den 1960ern.

ich ein sechssaitiges Banjo hatte und die Bläser im Domizil nur in B-Tonarten spielten, da konnte ich keine Kreuztonarten spielen – kurz für Laien: Es klang furchtbar.

Die Lahn River Jassband. Nur echt mit dem doppelten „s".

Da die Konzerte aber regelmäßig am Donnerstag waren, hab' ich mich darauf vorbereitet und stieg immer öfter ein. Aber mal war kein Schlagzeuger anwesend, dafür aber zwei Klarinetten, beim nächsten Mal dafür zwei Schlagzeuger, aber kein einziger Klarinettist. Das war auf die Dauer nix. Ich dachte mir, wenn ich jedes Mal extra aus Wetzlar komme, würde ich auch gerne eine Besetzung haben, mit der man gut spielen kann. Also hab' ich vorgeschlagen, eine richtige Band zu gründen, eben die ‚Lahn River Jassband'.

Sonntags haben wir dann immer in Nidda bei einem Mitspieler geprobt und donnerstags bis spät in die Nacht gespielt. Es war nicht ohne, gut fünf Stunden am Stück in der zugerauchten, stickigen Kellerbar aufzuspielen. Fenster gab es ja keine und das kleine Loch in der Wand mit dem winzigen Ventilator, der da müde seine Runden drehte, konnte nicht viel ausrichten. Um das Spielen erträglicher zu machen, hat uns der Wirt 'ne Kiste ‚Stubbis', diese kleinen Bierflaschen, hingestellt.

Aber mit sechs durstigen Männern, die ordentlich Gas geben und schwitzen wie die Tiere, war die Kiste auch schnell leer getrunken. Der Wirt machte aber die Ansage, dass jedes weitere Bier von uns bezahlt werden sollte, und das, obwohl wir ihm die Bude knüppelvoll machten und das Publikum aus dem ganzen Landkreis herkam, um die Band zu sehen. Also fragte unser Trompeter bei seinem Schwiegervater, dem ‚Fisch-Bernhard' nach, der seinen Laden gegenüber der Post bei den ‚Neuen Bäue' hatte, wo dann später der ‚Wienerwald' drin war. Der hat uns auch sofort bei sich spielen lassen. Dort konnten wir nicht nur so viel trinken, wie wir wollten, sondern bekamen auch noch ordentlich was Leckeres zu essen. Damit war dann für uns das Kapitel Domizil abgehakt."

Turczeks Band hingegen hat da noch einige gute Konzerte vor sich, ein Gig in der „Taste" in der Walltorstraße wird live vom HR bei der Reihe „Jazz in Hessen" übertragen, und sie sind, für das überschaubare Honorar in Form einer Kiste Bier, auch mal kurzzeitig Werbeträger für „Kaiser Pilsner" von Henninger. Ein paar Bier zu viel läuten dann auch 1977 das Ende der Formation ein. Denn für ein Konzert in Lich, welches hessenweit vom HR im Radio übertragen wird, kommt die Ansage, dass aus Zeitgründen die geplanten Stücke von knapp sechs Minuten auf drei Minuten gekürzt werden sollen. Der größte Teil der Jazzer beschließt, dass das problemlos auch ohne Probe funktioniert und geht am Vorabend lieber in die Kneipe. Am nächsten Morgen gegen zehn fällt dann der Produktionsleiter des Hessischen Rundfunks kurzzeitig vom Glauben ab, als die Hälfte der Band die Stücke in der ursprünglichen Langversion spielt, während die andere Hälfte sich an der neuen Kurzversion abarbeitet.

Peter Turczek hat übrigens damals auch für Gießen-Neulinge in der 1974er-Ausgabe der Broschüre „Hochschul-Information" vom Allgemeinen Studentenausschuss, dem AStA, für seine Mitstudenten und -studentinnen einen kleinen Kneipenführer verfasst, der beim Durchblättern ordentlich Zeitgeist verströmt und deshalb in Auszügen hier unbedingt erwähnt werden muss. Unter der Überschrift „Wo treffen sich die Leute?" heißt es da beispielsweise zum „Scarabee": „Wer's richtig findet, sollte in der Lage sein, studentische Identität beweisen zu können, Studentenausweis am Eingang, lässig und nur leicht angedeutet herabhängende Mundwinkel, wenn man drin ist. Bierflasche in der Linken (0,3 l. macht 1,70 DM), Zigarette in der Rechten. (Dann braucht man sich nicht so schnell anzufassen.) Als Garderobe vielleicht verwaschene Jeans, im Winter etwa dunkler Rollkragen, lockere Kord-Jacken. Wichtig jedenfalls, so kleiden, als wär's zufällig, egal, ob man jemandem gefällt oder nicht. Außerdem: Keinesfalls auf den Jungen oder das Mädchen seiner Träume zumarschieren. Erst mal cool bleiben, beobachten, die erste Woche abwarten, so tun, als hätte man kein Interesse – wenn man Glück hat, klappt's dann irgendwann mal. Wenn nicht – dann verdienen die sich wenigstens dösig an dem Bier, das du in der Zwischenzeit säufst."

Mit dem „Haarlem" geht's dann im Folgenden weiter: „Studentische Identität wird dort locker gehandhabt. Bei Männern gibt's Gesichtskontrolle, Mädchen brauchen keine Identität. Wo viele Frauen sind, da kommen auch viele Männer. Das ist halt 'ne Umsatzfrage. Wie im Scarabee ist es auch hier sehr laut. Reden ist also wenig möglich und wenn, dann geht's um Nebensächlichkeiten und sonstigen unverbindlichen Kram. An klaren Abenden kann man auch hier sich mit Blicken verständigen. Man trägt Samtanzüge, hie und da auch mal Verwaschenes, Super-slim-x-small-shirts usw."

Studentisch-intellektueller scheint es in der „Licher Bierstube" zuzugehen: „Das ist auch eine Saufkneipe in der Grünberger Straße. Da gibt's ganz nette Leute. So trifft sich dort das Klimakterium der Studentenbewegung. Die können einem so einiges erzählen, so z. B. wann der Marcuse mit dem Dutschke usw."

Und abschließend gibt es noch einen Abstecher in den „Holzwurm", den Vorgänger des „Klimbim": „Da treffen sich jeden Abend viele Leute, bei denen man nicht so lange rum-

Die Langspielplatte zum „Jass".

„Domizil"-Theke, noch früh am Abend.

Die ehemalige „Spinne", in der Wolf arbeitete.

Vom Barhocker aus immer ordentlich was zu gucken.

murksen muß, um ins Gespräch zu kommen. Allerdings gibt's auch hier Ausnahmen. Sonst allenthalben recht und gut."

Aber zurück zum Domizil. Hier erklingen ab Mitte der 1990er-Jahre dann ganz andere Töne, denn Betty Tydeman und Wolf Schreiber schmeißen nun den Laden. Der Weg dahin ist aber erst mal eine kleine Odyssee. Wolf kommt aus Neuwied und will 1984 eigentlich in Berlin studieren. Da es aber in Gießen einfach die besseren WGs gibt, bleibt er zum Studium hier hängen und finanziert sich das Leben mit Thekenjobs, zuallererst im „Zapfhahn" in der Grünberger Straße beim Dörrmann-Hochhaus. Der Besitzer Rainer Stenzel tauft den Laden bald darauf in „Spinne" um, auch, um dadurch mehr Studenten in die kleine Kneipe zu locken, die bis dahin eher vom klassisch altlinken Publikum bevölkert wird. Kurz darauf übernimmt Ossi die Kneipe.

Nachdem die „Spinne" dichtmachen muss, weil man einfach den Überblick über zu viele unbezahlte Deckel verloren hat, jobbt Wolf um die Ecke im „Quadratmeter", wo er auch Betty kennenlernt. Anno 1994 übernehmen die beiden kurzfristig „Pit's Pinte", die ja auch nur ein paar Meter weiter über die Straße liegt, weil Wirt Hans für ein gutes halbes Jahr unterwegs ist. Nach seiner Rückkehr gibt es aber Diffe-

Wirtin Betty.

Punkkonzert im Kellerloch.

renzen, wie die Kneipe weitergeführt werden soll, und so machen sich Wolf und Betty auf die Suche nach einem neuen Domizil, welches dann eben das „Domizil" wird.

Durch die Kontakte, unter anderem auch durch Bettys Ex-Mann Peter, dem „Ascot-Wirt", kommen die beiden zu der Kellerkneipe in der Braugasse. Bei der anfänglichen Finanzierung hilft noch Bettys Schwester, aber Wolf steigt nach einem halben Jahr aus der gemeinsamen Konzession aus. Was aber nicht heißt, dass er ganz aus dem „Domizil"-Geschäft raus ist, denn jetzt startet er durch und sorgt in dem ehemaligen Jazz-Laden wieder für die Livemusik. Durch seine Kontakte zieht er nun Alternativ- und Undergroundbands an, wie die Deutsch-Russen von „Dr. Bajan", die Wladimir Kaminer „einen unbestreitbaren Teil der Berliner Leitkultur" nennt, spanische Rockabilly-Bands oder „Auktyon" aus Sankt Petersburg. Die genießen zwar zu der Zeit den Ruf, eine der wirklich großen Bands Russlands zu sein, touren aber trotzdem nicht in einem Nightliner, sondern gurken mit drei PKW, die bis unters Dach vollgepackt mit Instrumenten und Equipment sind, durch Europa. Als dabei unterwegs eine der Kisten ihren Geist aufgibt,

Aber auch Independent-...

... und Rockabilly-Konzerte füllen die Kellerkneipe.

wird die Tour gnadenlos per Abschleppstange weiter durchgezogen – von Augsburg über Gießen bis nach Hamburg.

Aber nicht nur Musik, auch Ausstellungen finden an den Wänden des Kellers statt, von denen einige ziemlich skandalträchtig sind. Allen voran die Kondom-Ausstellung von einem Künstler, der hier nicht namentlich erwähnt werden will, weil ihm die Aktion im Nachhinein dann doch zu peinlich ist. Die Gummis füllte er nämlich mit Kakerlaken, bunten Flüssigkeiten und anderen Gegenständen, die er dann an die Wände pinnte. Noch krasser ist aber die „Kunst"-Aktion von „Tob", der an der Wand auf Bilderrahmen getackerte, tiefgefrorene Schweineteile ausstellt. Diese gammeln danach drei Tage lang vor sich hin und mahnen an die Vergänglichkeit alles Irdischen, bevor es zu massiven Beschwerden der Gäste kommt. Denen schmeckt das Bier nicht mehr, da es doch übel zu stinken anfängt.

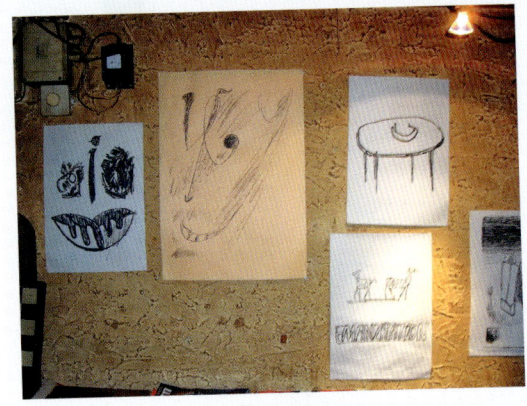

„Höhlenkritzeleien" von Nobi Umsonst.

Aber das sind natürlich nur extreme Randnotizen und Ausnahmen, die dem Domizil jedoch rasch den Ruf einer Undergroundkneipe sichern, die direkt aus dem ummauerten Berliner Kreuzberg stammen könnte. Dazu trägt auch das düstere Ambiente bei, welches nur einmal in schneeweißem Glanz erstrahlt, als Wolf nach einem Streit mit Betty kurzerhand den Feuerlöscher von der Wand nimmt und den Keller von oben bis unten einschäumt.

Auch die legendäre Band „VEB Kombinat Schlips" gastierte im Domizil.

Der Flipper, der noch zu Anfangszeiten von einem Automatenaufsteller bereitgestellt wird, überlebt nicht allzu lange, da die Gäste zu fortgeschrittener Stunde recht ruppig mit dem Gerät umspringen, das Teil also mehr kaputt als funktionsfähig ist. Darum fliegt der Automat bald wieder raus und wird durch den stabilen Kicker ersetzt, der schnell ein Herzstück auf dem robusten Kachelboden ist und zu allnächtlichen Turnieren bis in die Morgenstunden lockt.

So ungestört kickern ließ sich nur am früheren Abend.

Zum festen Inventar gehört auch Zaphod, Bettys Kneipenhund, benannt nach Zaphod Beeblebrox aus dem Kultroman „Per Anhalter durch die Galaxis". Der geht nicht nur mit allen Gästen und Angestellten Gassi, sondern kommt auch mit in den Urlaub. Wenn die Belegschaft samt Stammgästen per Zug durch Rumänien fährt, macht es sich der Hund im Abteil quer über alle Mitreisenden bequem und verteilt dabei großzügig seine Haare.

Zaphod, der gute Geist des Domizils.

Als es in Gießen noch die Sperrstunde gibt, ist es äußerst praktisch, dass schräg gegenüber des „Domizil" in der Walltorstraße eine Telefonzelle steht. Von dort aus rufen die Nachtschwärmer, die um ein Uhr noch längst nicht müde sind, an der Theke an. Kurz darauf wird in Sichtweite die Tür aufgeschlossen, und die Gäste werden die steile Treppe hinabgelotst. Dies wiederum ruft dann öfter das Ordnungsamt auf den Plan, denn die Nachbarschaft ist recht geräuschempfindlich, besonders, als auf der Brache gegenüber, wo zuvor allenfalls landwirtschaftliche Fahrzeuge der Uni parkten, hochpreisige Wohnungen hochgezogen werden.

Eingang in die Unterwelt.

Anfang 2016 schließt das Domizil dann wegen Finanzamtsgeschichten. Ein Rettungsversuch seitens der Stammgäste und der Belegschaft wird zwar gestartet, da aber zeitgleich auch noch die Pacht um 200 Euro erhöht werden soll, ist einfach die Luft raus, und das Domizil hat endgültige Sperrstunde.

Irish Pub

Karaoke, Bands und eine echte Irin

Unser Weg führt uns weiter Richtung Irland in die Walltorstraße, denn bald treffen wir rechts, leicht nach hinten versetzt, auf den Irish Pub. Wo ursprünglich die zwielichtigen Nepperschuppen „Chez Nous" und „Star Bar" residierten, gründet in den 1980er-Jahren der Ire Ray Sinclair den Laden, damals aber noch unter dem Namen „Dubliner". Die Bäume für die massive Einrichtung soll er seinerzeit sogar noch selbst gefällt haben: Eine Theke wie ein alter Dreimaster, ein uriger Kamin und Holz, viel Holz an der Decke, den Wänden und auf dem Boden, einem Boden wie massive Schiffsplanken. Aber irgendwann zieht es Ray Richtung USA, Rainer und Hermine Siebert kaufen daraufhin den Pub und machen Siobhan Prendergast zur Geschäftsführerin. Sie hat ihre „Kneipengrundausbildung" im „Grünen Kranz" in der Bruchstraße gemacht, den zu dieser Zeit ihr Bruder Martin schmeißt. Ursprünglich bei einem Schüleraustausch in Gießen hängen geblieben, übernimmt er den Kranz und als Siobhan ihn mal besucht, bleibt sie gleich da, hilft hinter der Theke aus und lernt dabei noch Deutsch. „Ich dachte mir, Deutschland liegt so ziemlich in der Mitte von Europa, das ist doch eine ziemlich gute Ausgangssituation, why not", erzählt sie.

Ab 1988 arbeitet die Wirtin dann im „Dubliner", irgendwann dort auch als Managerin und so soll sie nach Rays Vorstellungen den Laden als Pächterin übernehmen. „Aber das war mir dann doch nix. Ewig in der Kneipe arbeiten wollte ich eigentlich nicht, da gab's ja auch nicht mal 'nen Biergarten", erzählt Siobhan, von der die Gäste auch bald lernen, wie ihr Name richtig ausgesprochen wird, nämlich „Schiwonn". Dass sie den Laden dann doch eine ganze Dekade lang prägen wird, hat sie da selbst noch nicht geglaubt. Doch von Anfang an steht für sie fest, dass es, wenn sie die Kneipe übernimmt, dort mehr als nur Bier geben soll. „Ich brauche Entertainment, nur Leute abfüllen, das war mir nix." Und da Siobhan zwar aus Irland kommt, aber eben nicht aus Dublin, sondern aus Connemara, wird aus dem „Dubliner" städteübergreifend der „Irish Pub".

Blick auf den Pub von der Walltorstraße aus.

Anfangs noch als „Old Dubliner" bekannt.

Beim Karaoke werden Stars für einen Abend geboren.

Mit Siobhan ziehen dann auch bald das Pub Quiz und das Karaoke in die rustikale Kneipe ein. „Anfangs wollte da keiner daran glauben, die Karaoke-Nummer wäre schon längst durch, hat man mir gesagt", erzählt sie. Aber mit dem richtigen Mann, nämlich Andy Pfälzer, dessen Name ja bekanntlich Programm ist, ist für die Sing-Show das kultige Zugpferd da. Am ersten Abend muss Siobhan dabei aber erst mal selbst das Versuchskaninchen am Mikro spielen, da sich die anderen Gäste noch nicht so richtig auf die Bühne trauen, um vor einer Kneipenmeute mehr oder weniger gut, aber mit umso mehr Herzblut einen Hit vom Monitor abzusingen. „Also haben wir für die ersten Karaoke-Abende den Schnaps billiger gemacht, damit die Leute ein bisschen die Hemmungen fallen lassen. Und tatsächlich haben wir die nachher kaum noch von der Bühne runtergekriegt", lacht Siobhan. Und so startet Andy bald mit seiner Karaoke-Show auch in anderen irischen Pubs von Trier über Limburg bis Frankfurt.

Aber der Hauptevent im „Irish Pub" sind natürlich die Live-Bands. Bei den von der Wirtin initiierten Jam-Sessions gründen sich einige Bands, von denen einige bestimmt noch heute auf den mittelhessischen Bühnen auftreten. Oft werden die Acts bis zu einem Jahr im Voraus gebucht, da auch viel bekannte, internationale Nummern dabei sind. In der besten Zeit gibt es auf der kleinen Bühne fünfmal wöchentlich Live-Musik, die sich längst nicht nur auf Irish Folk beschränkt. Von Reggae über Rock bis Hip-Hop und Blues geht die Bandbreite. Namen, die heute in der Erinnerung ein wenig nach hinten gerutscht sind, aber da-

Völlig schwerelos: Iren feierten St. Patrick's Day

Die Deutschen schlossen sich der Nationalfeier gerne an – Überfüllung im »Irish Pub«, kein Andrang im »Irish Rover«

Gießen (jhk). Wie die Mutter ihren Säugling pre... ch die Kamera vor die Brust. Sie taugt als Prellbock nicht, muß selbst beschützt werden. Von l... ks fallen blonde Haare über die Linse, von rech... hwabbt schon wieder dunkles Bier heran. Hunderte Menschen stecken fest, aber es scheint ihnen Spaß zu machen. Das Gesetz der Schwerkraft hat zum Saint Patrick's Day, dem Nationalfeiertag der Iren, schlichtweg seine Gültigkeit verloren: Die Masse taumelt, aber findet keinen Platz zum Fallen.

Der Ventilator an der Decke hilft, den lakritzartigen Guinness-Geruch in die letzten Ritzen des »Irish Pub« zu tragen; er scheint immer langsamer zu werden in seinem Bemühen, die Luft zu durchschneiden.

An die 2000 Iren hat es nach Hessen verschlagen, knapp 40 von ihnen sind mit Erstwohnsitz in Gießen gemeldet. Unterstützt von ihren deutschen Freunden feierten sie am Montag abend fernab der Heimat ihren Nationalfeiertag. Bösartige Zungen würden behaupten: Die Iren waren die Wirte, die Deutschen ihre Gäste.

Traditionell fließt am Saint Patrick's Day Bier in Strömen, was wohl mehr mit der fröhlichen Natur des Volkes von der grünen Insel als mit irgendeinem historischen Bezug zu tun hat. ...trick, oder auch Patricius, war nämlich ein ... eraus frommer Mann, der in der Endphase des weströmischen Reiches Nord- und Westirland mis... nierte.

K... a dürfte ihn das Problem der beiden irischen Kneipiers in Gießen beschäftigt haben, die schon im Vorfeld der großen Sause darüber nachsannen, welche Farbe sie ihrem Bier geben wollten: natur-dunkel oder künstlich-grün? Der ... Seite. Während im »Irish Pub« – wie schon in den vergangenen Jahren – ein Fuß nur mit Mühe vor ... »Saint Patrick's Day Celebr... sie mit grünen Lettern. Nicht ...

Mit Live-Musik wurde in den beiden irischen Pubs in Gießen der Schutzp... -ünen Insel ge- feiert – dabei floß das Dunkelbier in Strömen. (Foto: ek)

Am St. Patricks Day wird die Stadt irisch.

mals recht bekannt sind, wie beispielsweise der englische Rhythm-and-Blues-Sänger Chris Farlowe, die Folk-Metal-Band „Skyclad", bei denen der Laden wie zu Halloween dekoriert wird, oder der irische Folk-Sänger Andy Irvine. Auch Chris Jagger, der Bruder des etwas bekannteren Mick und zudem ganz passend, die „Stoned Rolling Stones", jene Londoner Coverband, die sogar schon mit den Originalen spielen durfte, gehören zu den musikalischen Acts. Aber auch deutsche Bands, wie die späteren Deutschpop-Stars „Juli" oder Eric Fish von „Subway to Sally", treten im Pub auf, und bei der Band „Soul Session" stapeln sich auf der kleinen Bühne dreizehn Musiker.

Aber für die komplette Band-Liste ließe sich wohl für dieses Buch ein Extrakapitel schreiben. „Die Musiker waren immer super, aber einmal hab' ich eine Coverband nur nach ihrem Foto gebucht, die waren so grottig, ich wollte im Boden versinken", erzählt die Wirtin. „Die Flyer zu den Konzerten hab' ich selber gemacht, meistens noch garniert mit Sprüchen und Gedichten, um die Leute ein bisschen zum Nachdenken zu bringen. Mir sind jeden Morgen neue Ideen aus dem Kopf gesprudelt." Ideen auch für die spanischen Partynächte mit Sangria und Samba, für Beachpartys und Dartabende. Von einer Freundin aus Edinburgh, die Bodypainting-Künstlerin war, lässt sich die Irin mit keltischen Motiven und Flammen bemalen und jeder, der das Werk bewundern will, muss für die Künstlerin spenden. Da das im Pub so gut ankommt, zieht sich die Wirtin einen Mantel über und weiter geht's ins „Sowieso" zu Britta, um dort auf der Theke weiter zu sammeln.

Die Hexen von Connemara.

Zudem bleibt tatsächlich noch Zeit für eine eigene Band, „weil fast immer nur Männer auf der Bühne standen", gründete Siobhan „The Chancers", denen sie die Stimme gibt. Ihre Mitmusiker hat sie dabei, genau wie ihren Mann, im Irish Pub kennengelernt. „Der war Stammgast, jeden Donnerstag war er da und irgendwann hat's gefunkt. Und kaum sechzehn Jahre später haben wir geheiratet", lacht Siobhan. „Für mich ist ein Irish Pub erst ein Irish Pub, wenn auch ein Ire drin ist", erzählt die Ex-Wirtin, „aber bei den Mitarbeitern war immer die ganze Welt dabei, von Südafrika und Spanien bis Finnland, weil international viel schöner ist."

Mit der Belegschaft gibt es dann auch eine Menge Spaß und Unfug, um die Gäste aufzuheitern. Von Bechern, die von alleine zu rülpsen anfangen, über Zuckerwürfel mit Plastikfliegen oder epischen Wasserpistolenschlachten, bei denen geballert wird, bis es von der Decke tropft, denn „wir Iren brauchen halt immer Regen". Und wenn es mal kein Wasser ist, dann gibt es Sprühsahne in den Nacken. Wenn wieder mal jemand beim Karaoke Udo Jürgens' „Aber bitte mit Sahne" interpretieren will, hat sich das ganz schnell zum Running Gag etabliert. Den „Irish Pub" gibt es unter neuer Leitung immer noch, aber ganz kann Siobhan auch nicht vom Kneipenleben lassen und hat mit ihrem Mann im gemeinsamen Haus aus dem ehemaligen Stall einen kleinen Privat-Pub gemacht, die „Chicken Lounge", wo sie immer wieder mal mit Freunden feiern.

Siobhan mit ihrer Band.

Wolle' mer se reinlasse'?

Kölle meets Ireland.

Bermudadreieck und Quantum

Von der Putzfrau zur Wirtin

Weiter die Walltorstraße entlang stehen wir bald im sogenannten „Döner-Dreieck". Vermutlich stammt der Name noch von dem sagenumwobenen „Bermudadreieck", welches hier in den 1970er-Jahren legendär war. Denn zwischen den dortigen Kneipen „Taste", „Schwemme" und „Trichter" ist damals wohl so mancher verschollen und tauchte in ganz anderen Dimensionen wieder auf. Doch wie das Döner-Dreieck längst mehr als ein Dreieck ist, gab es auch im Umfeld der drei Kneipen noch einige andere Lokalitäten zu entdecken, wie die „Bierbörse" oder das „Quantum". Letzteres gibt es immer noch in der Wetzsteinstraße, in dem spitzwinkligen Klinkerbau mit dem hohen Erker, einem der schönsten Häuser, die den Krieg überstanden haben.

Blick in die Walltorstraße der Sechzigerjahre.

Stammkundschaft vorm „Trichter im Sommer" '76.

Dort treffen wir Chefin Zdenka Kramer und Stammgast Helmut Appel bei Äbbelwoi und Bier zum Plaudern. Appel ist durch und durch Schlammbeiser, in der Innenstadt der Nachkriegszeit groß geworden. Jahrelang hat er den Rewe am Marktplatz geleitet und dort auch den ersten Betriebsrat gegründet. Aus seiner Kindheit und Jugend kennt er noch eine ganze Menge Kneipen, wenn auch längst nicht alle: „Mit meinem Bruder hab' ich Ende der Sechziger mal im Telefonbuch aus reinem Zeitvertreib alle in Gießen aufgelisteten Kneipen zusammengezählt, das waren über 320! Wir haben uns dann vorgenommen, die alle im Lauf der Zeit abzuklappern, eine nach der anderen. Das hat dann doch nicht so ganz geklappt, aber auf über 150 sind wir auf jeden Fall gekommen. Die äußeren Stadtteile und eingemeindeten Dörfer haben wir ausgelassen. Als Kinder in den 1950er-Jahren sind wir

Längst Vergangenheit: Die „gut Stubb'".

In der „Gießkanne".

Blick hinter die „Gießkannen"-Theke.

beispielsweise schon in die ‚Paprika-Stube' in der Neustadt gegangen, wo jetzt die Mall ist. Die hatten da 'ne 1A Musikbox. Da lief Elvis, und an der langen Theke standen mit rotem Plastik bezogene Hocker, links waren schmale Tische, die separee-artig angeordnet waren. Serviert wurde Toast Hawaii – das waren die Fifties wie aus dem Bilderbuch. Alex Mehler war der Wirt, der mit den Rosenbergs verwandt war, die damals viele Kneipen in der Stadt hatten, wie die ‚Corso-Bar'. Später ist er nach Israel ausgewandert. In den Sechzigern kam da mal ein übriggebliebener Nazi rein, der meinte, er müsste beim Eintritt den Hitlergruß zeigen. Mehler, der 'ne ziemlich stabile Statur hatte, rief mir nur zu: ‚Helmut, Tür uff!' und hat den mit seinem Leib bis auf die Straße 'rauskatapultiert. Die Kneipe war aber auch der Aufwärmladen für die Prostituierten. Bevor die Schicht losging, haben die sich dort startklar gemacht. Und ihre Luden saßen dann später an der Theke und haben bloß noch die Hand aufgehalten."

Helmut erzählt noch ein bisschen, wo er früher im Bermudadreieck auf Entdeckungstour war: „Die ‚Luxor-Bierstube' war direkt neben dem namensgebenden Kino, später war das die ‚Schwemme'. Schräg gegenüber in einem uralten Haus ging es in die ‚Gutt Stubb', ein uraltes Haus, wo in der Zwischenetage noch die Kohle zum Heizen gelagert wurde. 1974 wurde der ‚Trichter' dann noch in der Ecke eröffnet, der später in ‚Gießkanne' umgetauft wurde. Und im Asterweg war noch das ‚MOT', was nach dessen Eigenbekundung für ‚Music on the Top' stand. Wir haben das immer ‚Maneköpp' on the Top' genannt. Später war dort dann das ‚Alcatraz', ganz stilecht und passend mit Gitterstäben eingerichtet.

In der ‚Badewanne' am Marktplatz hab' ich mal direkt fünf Jahre Hausverbot bekommen. Wir sind da, nachdem wir uns im Sportheim Hausen getroffen hatten am Ende von 'ner Kneipentour durch die Ludwigsstraße gegen sechs Uhr morgens eingefallen. Die ‚Badewanne' war ja so ein enger, langer Schlauch, eigentlich nur 'ne lange Theke und hinten ging's die Treppe zu den Klos hinunter. Viel Platz war da nicht. Und der Wirt Toni Weiß hat einem von unsern Jungs, damals hessischer Amateurboxmeister, aus Versehen die Tür in den Rücken gehauen. Da hat sein Bruder den Toni etwas robuster angetippt, sodass er die Treppe zum Klo runtergepoltert ist. Das bedeutete natürlich Ärger. Kurz darauf flogen dann die Barhocker durch die Kneipe. Als die Polizei auftauchte, sagten die nur: ‚Ach, mal wieder die Hausener Fußballbuben'. Danach war erst mal Schicht für uns in der ‚Badewanne'. Aber immer wenn ich den Toni in der Stadt getroffen hab', hab' ich ihn freundlich gegrüßt, und nach fünf Jahren hat er mit den Schultern gezuckt und gemeint: ‚Ei, dann komm halt wieder rein.'"

Zur Badewanne fällt mir da direkt auch noch eine Geschichte ein: Im Theaterstudio TiL, dass im Löbershof angesiedelt ist, soll das Stück „Robinson & Crusoe" aufgeführt werden. In dem Stück treffen zwei abgestürzte Bomberpiloten auf einem halb versunkenen Häuserdach im Meer aufeinander und die Handlung des Stückes ist so konzipiert, dass die Zuschauer nur den einen der Darsteller verstehen, während der andere in weiten Teilen Unverständliches spricht. Das wurde auf anderen Bühnen schon so gelöst, dass man diesen Schauspieler Esperanto oder Klingonisch reden lässt. In Gießen liegt es auf der Hand, dass der Mann Manisch sprechen soll. Also transkribiere ich den Text entsprechend. Aber da die Schauspieler keine Gießener sind und dementsprechend noch nie manisch gehört haben, gehe ich mit den beiden erst mal in die „Badewanne", die schräg gegenüber liegt. Nach anfänglicher Zurückhaltung und ein paar Bieren lockert sich die Stimmung dann schnell auf. Ein paar Jungs, die „latscho manisch pucke", hocken sich zu uns an den Tisch und führen die beiden Schauspieler Tom Wild und Hagen Löwe in die Grundzüge der manischen Sprache ein. Bei der Premiere kann dann auch das nasale Manisch der Schauspieler das Publikum ordentlich überzeugen.

Zdenka, die Wirtin des „Quantum", kam 1978 aus Slowenien nach Gießen und putzte in ihrer Anfangszeit erst mal in Klein Linden beim Metzger Fuhr. Durch dessen Kontakte arbeitete sie bald beim „Kuche Karl", der späteren „Mutter Schmidt". „Dort war der Fuhr beim Stammtisch, wo ‚Siebzehn und Vier' gespielt wurde. Die haben an manchen Abenden ganze Häuser verzockt. Durch den Automaten-Kraus, dem der Laden gehörte, bin ich dann zur ‚Bierbörse' gekommen, die Kraus-Läden hatten alle ‚Bier' im Namen: ‚Bierhahn', ‚Bier-

„Badewanne"- die Stammglas-Kneipe.

Blick auf den Lindenplatz in den 50er-Jahren.

Der Eingang zur „Bierbörse".

karussell', ‚Bierbörse' ... In der ‚Börse' war der Wolfi Geschäftsführer. Das Schöne dort war das gemischte Publikum, an manchen Tagen saßen da hundert Jahre Knast zusammen, aber auch Professoren und Studenten. Als bei einer Razzia mal die Polizei einrückte, hab' ich gesehen, wie eine Pistole über die Theke flog, die Bedienung hat schnell ein Handtuch drüber geworfen, die Knarre damit in den Mülleimer bugsiert und den dann einfach rausgetragen – das war schon fast wie im Krimi.

Mittwochs und samstags kamen die Marktbeschicker, die ja eigentlich nur durch die Rückwand ihrer Stände gehen mussten, um direkt in der ‚Bierbörse' zu landen. Für die gab's schon ab sechs Uhr morgens Kaffee und Tee, die ‚Börse' hatte ja fast rund um die Uhr geöffnet. Nur von fünf bis sechs war geschlossen, um den Laden wieder auf Vordermann zu bringen. Und da ist es nicht selten vorgekommen, dass während dieser Stunde schon eine bunte Mischung aus Nachtschwärmern und Frühaufstehern draußen vor der Tür wartete.

Da hab' ich dann einige Jahre hinter der Theke gearbeitet. Später war ich dann erst mal eine Weile bei der Firma Canon, bis ich 1991 von meinem Schwiegervater das ‚Quantum' übernommen hab'. Der hatte in den Fünfzi-

Wolfi am Zapfhahn der „Bierbörse".

Zdenka zapft in der „Bierbörse".

gern auch die legendären Läden ‚Romantica Bar', ‚Bel Ami' und die ‚Forelle'. Ursprünglich kam der aus Paderborn nach Gießen, wo er seine Frau kennengelernt hatte. Was der alles erlebt hat, geht wohl locker in zwei Leben", lacht Zdenka.

Das „Quantum" startet ursprünglich unter dem Namen „Zur Hütte". Da ist der Name Programm, denn der Innenraum ist ganz mit Holz ausgekleidet, und an den Wänden gibt es kleine, strohgedeckte Überdächer. Später übernimmt dann Dr. Wilhelm Türck, Onkel des Fernsehmoderators Andreas Türck und Besitzer des „Scarabee", den Laden und tauft ihn auf „Café Casablana". Danach führen Regine und ihr Bruder den Laden unter dem Namen „Chapeau Claque", wo 1987 die „Boxhamsters", Gießens Punkrock-Stars, ihren ersten Auftritt haben und der Laden bald aus allen Nähten zu platzen scheint. Als dann Zdenkas Schwiegerpapa Alfred Kramer den Laden übernimmt, wird die Eckkneipe zum „Quantum".

Doch bald ist die Straße vor der Kneipe für lange Zeit unpassierbar, weil die Stadt wegen eines Neubaus alles aufreißen lässt, was natürlich zu Umsatzeinbußen führt. Als Trostpflaster bekommt Zdenka dafür zugesichert, einen Biergarten anbauen zu dürfen, was sie mit ihrem Mann dann auch gleich umsetzt. Zudem lässt sie bei der anstehenden Renovierung die Theke weiter nach hinten verschieben, um die schönen Rundbogenfenster des späthistorischen Prachtbaus freizubekommen und der großen, gusseisernen Säule, die die Decke des Ladens zu stemmen scheint, den gebührenden Platz einzuräumen. „Das ist schon ein ganz besonderes Haus mit einer langen Geschichte. Als wir den Innenraum umbauen ließen, hat mir der Architekt erzählt, dass das Gebäude 1890 auf sieben alten Brunnenringen errichtet wurde", erzählt Zdenka. Kein Wunder also, dass hier immer noch viel Flüssiges umgesetzt wird.

Als Ende der 1990er-Jahre der „Bierbörse"-Pächter Günter Köbel seinen Vertrag kündigt, fragt Automaten-Kraus bei Zdenka an, ob sie vielleicht den Laden übernehmen will, da sie ihn ja recht gut von früher kennt. Sie hat eine Woche Bedenkzeit und ein bisschen Angst, da die „Börse" in den letzten Jahren etwas

Ein Prachtbau, das „Quantum".

Am „Quantum" Biergarten.

Im „Quantum" vor dem Umbau.

Auftritt der Boxhamsters.

heruntergekommen ist. Aber dann sagt sie doch zu. „So bin ich dann quasi von der Putzfrau zur Chefin geworden", resümiert Szenga. In der Folgezeit gibt es in der „Bierbörse" Karaoke mit Andi Pfälzer, und Künstler stellen ihre Bilder in den Séparées aus. Bald gesellt sich zu dem vorhandenen, eh schon bunt gemischten Publikum, noch viel Theatervolk, das oft nach ihren Premieren hier einfällt. Im Bühnenjargon heißt die Kneipe bald „Probebühne 3". Da die Einrichtung der urigen Kneipe einen Hauch von Reeperbahn ausstrahlt, wird sie auch gerne mal als Kulisse genutzt. Ein Video von Una Husebrink, die 2011 für ihr „Liebeslied" in der Bierbörse den Clip gedreht hat, findet man heute noch im Netz und kann auf diese Weise noch mal eine virtuelle Runde durch die Kneipe drehen.

Die „Bierbörse" hat auch am Heiligen Abend geöffnet, und als Zdenka am nächsten Morgen zum Putzen kommt, muss sie zweimal hinschauen. „Da müssen wohl ein paar Gäste ganz spezielle Weihnachten gefeiert haben. Im Klo waren alle Türen ausgehängt und an einem der Abflussrohre hing noch ein Paar Handschellen mit rosa Fellbezug. Und ich weiß noch, wie einmal sogar eine ganze Hochzeitsgesellschaft nachts hier reinkam, da der Veranstalter ihres ursprünglichen Feierortes zeitig Feierabend machen wollte und sie rausschmiss. Die haben dann in Abendkleidern und Smokings bei uns weitergefeiert, bis die Jukebox rauchte", erinnert sich die Wirtin.

Die „Bierbörse" musste zwar 2019 dicht machen, da das Haus verkauft wurde, die Jukebox gibt es aber noch im „Quantum". Stammgäste wie Helmut haben sogar die besondere Ehre, sie mit einer eigenen CD zu füttern. „Wenn du die Nummer 40 drückst, kommen ‚Helmuts Bests'. Da sind meine Lieblingshits drauf", freut sich Helmut.

Ulenspiegel

„BSW"-Dienst im proppenvollen Biergarten

Weiter geht es durch den Seltersweg, bis man in eine kleine Gasse zur Hausnummer 55 hin abbiegt. Man könnte glauben, es ginge dort über das Kopfsteinpflaster direkt in die Gießener Altstadt hinein. Der alte Gewölbekeller des „Ulenspiegels" ist wohl ursprünglich ein Teil der ehemaligen Stadtbefestigung, also der dortigen Kasematten, und stammt aus dem 17. oder 18. Jahrhundert. Das Gebäude darüber wurde während der Schleifung der Stadtbefestigung vermutlich Anfang des 19. Jahrhundert errichtet. Im Lauf der Zeit ist dann eine Weinhandlung in den Gemäuern ansässig geworden und auch ein Likörfabrikant.

1968 erwirbt die Stadt das Anwesen, um es abzureißen und so eine direkte Durchfahrt zum Seltersweg zu schaffen. Glücklicherweise wird diese Schnapsidee Ende der 1970er-Jahre wieder verworfen und der ganze Komplex unter Denkmalschutz gestellt. Seit 1973 ist dann Gastronomie in den Kellern ansässig. 1980 gründet Bridge C. Vargo mit Felix Liebert in den Gewölben die legendäre „Bridges Pianobar im Ulenspiegel" und bringt somit die Kleinkunst in die Stadt.

Der Eingang des „Ulenspiegels".

Hier geht's in die Gewölbe.

Das alte Kneipenschild.

Der „Ulenspiegels"-Biergarten.

Liebert ist der Pächter von „Bitchen" und „Ulenspiegel". Und obwohl das Anwesen ziemlich versteckt zwischen Johanneskirche und Seltersweg liegt, bekommt man dort an Sommerabenden keinen freien Platz mehr.

„Wir mussten uns keine Mühe geben, um etwas zu verkaufen", erzählte der 2019 verstorbene Wirt, der sein Handwerk 1968 als Barkeeper im Hotel Steinsgarten gelernt hatte. Dort hatte er die „Bar am Kamin", die recht bald ein Anziehungspunkt für die Freunde des gehobenen Absackers wird und die meist schon ab halb zehn Uhr abends proppenvoll ist. Dabei machte er seinen Job wohl so überzeugend, dass ihn der Chef des Büromöbelherstellers VOKO direkt als Butler anheuerte. Anfang der 1970er-Jahre war er aber wieder als Bar-Pächter im Steinsgarten, und eröffnete später auch den „Bierstiefel" in der Licher Straße.

Der Biergarten am „Ulenspiegel" fängt dabei erst einmal klein an – mit einer Handvoll Tischen und Stühlen. Bald ist der Zulauf so groß, dass das Mobiliar erweitert werden muss. Schlosser Axel Pfeffer springt bei der Herstellung ein und schweißt die benötigten Gestelle zusammen. Die langen Schlangen am Eingang nimmt Liebert als Markenzeichen gerne an. Bald schon führt er im Sommer, wenn der Betrieb überhand nimmt, den „BSW"-Dienst ein, wobei die Abkürzung für „bei schönem Wetter" meint und schlicht bedeutet, dass sich das Personal erst einmal im Laden melden muss, um zu fragen, ob es gebraucht wird, bevor es loszieht, um am See herumzuplanschen. Dabei gibt es eine Arbeitsteilung zwischen dem „Bitchen" und dem „Ulenspiegel": Bis um 20.00 Uhr übernimmt das „Bitchen"-Personal die Bewirtung des Biergartens, danach ist das „Ulenspiegel"-Team von gegenüber dran.

Im hinteren Teil des Biergartens.

Rammelvolll auf der Tanzfläche.

In ihrer Autobiografie „frei heraus" erzählt die 2013 verstorbene Bridge, wie sie zum „Ulenspiegels" kam: Bei einem Gießener Stadtbummel mit einer Freundin fällt ihr Ende 1979 das malerische, verwinkelte Areal auf. Und als sie erfährt, dass der antike Gewölbekeller zu haben sei, geht mit ihr gleich die Fantasie durch: Was man damit alles anstellen könnte. Zwei große Gewölbekeller mit Kamin und einer langen Bar – daraus muss man doch etwas machen! Aber da sie nicht nur Fantastin, sondern auch Realistin ist, plant sie mit ihrer Partnerin Helga direkt die Realisierung einer Kleinkunstbühne. Die Verhandlungen mit dem Hauptmieter Felix Liebert und der Stadt gestalteten sich zwar ziemlich zäh, aber letztendlich erhält sie einen Zehnjahresmietvertrag, der sowohl den Ulenspiegel-Keller als auch die vorne stehende Kneipe „Bitchen" beinhaltet.

Nachdem die Renovierungsarbeiten beendet sind, öffnet der Laden im November 1980 unter dem vollständigen Namen „Bridge's Pianobar im Ulenspiegel", was Helga so ganz prima findet, da sie lieber im Hintergrund bleiben will. Bridges Idee ist, eine Amateurkunstbühne für alle zu schaffen, samt Jugendtheater, Salsa-Kursen und Talkshows. Sie spricht tagsüber im Seltersweg Straßenmusiker an, die abends bei ihr auftreten und nach gut einem Jahr wird das Konzept zum Selbstläufer, da sich die Bühne in Musiker- und Künstlerkreisen schnell herumspricht.

Doch kommt es immer häufiger zu Meinungsverschiedenheiten mit Felix Liebert, da er der Hauptmieter ist und in vielen Punkten mitsprechen will, was aber wiederum überhaupt nicht zu Bridges Plänen passt, die von ihrem Konzept nicht abweichen will. Für Bridge geht es in erster Linie um die Kultur, für Liebert eher ums Bier, also um den Umsatz. Und dann wird sie auch noch von ihrem Geschäftsführer, den Liebert eingesetzt hat, um 35 000 Mark geprellt, was natürlich für zusätzlichen Zoff sorgt und zur direkten Kündigung des Geschäftsführers führt. Als Liebert dann eines Abends auch noch einen Clown kurz vor seinem Auftritt zusammenstaucht, weil er sich in der kleinen Personalkammer schminkt, kommt es zum endgültigen Bruch. Kurz darauf ist die Zusammenarbeit beendet.

Felix Liebert betreibt fortan weiterhin das „Bitchen", Bridge übernimmt den „Ulenspiegel" allein. In den folgenden Jahren zieht sie dann ein ziemlich ambitioniertes Kulturprogramm durch, holt Kabarettisten wie Matthias Beltz oder Thomas Freitag in den Gewölbekeller. Auch die Jazz-Szene um Ekkehard Jost ist hier zu Hause. 1989 kommt Bridge dann mit einer neuen Überraschung für die Gießener, denn sie setzt die deutschlandweit ersten Fahrrad-Rikschas in der Stadt ein. Das bringt zwar überregionales Presseecho, aber der Gießener denkt sich erst mal: „Mir sin' doch hier in Hessen und net in Indien." Anfang der 1990er-Jahre ist der „Ulenspiegel" trotz des reichen Kulturangebotes arg überschuldet, und so muss sich Bridge schweren Herzens von ihrem Lebenswerk, wie sie es nennt, nach zwölf Jahren trennen, um sich keine weiteren Schulden aufzuladen.

Liebert übernimmt den „Ulenspiegel", Bridge wohnt zu der Zeit bereits in Thüringen, aber der Name „Vargo" bleibt noch eine ganze Weile dem Laden erhalten, da Bridges Tochter Kayla weiterhin hinter der Theke arbeitet, bis sie um die Jahrtausendwende herum nach San Francisco geht.

Heute wird der Laden von Tobi Bach geführt, der während des Studiums in Gießen hängen bleibt und 1992 ins Team kommt, um hinter der Theke und am DJ-Pult zu arbeiten. Er erzählt, dass zu seiner Anfangszeit der „Ulenspiegel" eher eine Rotweinkneipe für Schauspieler war. Hinter dieser Theke schenken im Lauf der Jahre auch Eva Briegel von der Band „Juli" und Til Schweiger Bier aus. Schweiger soll sogar vor einigen Jahren mal Interesse an der Übernahme des „Ulenspiegels" bekundet haben.

Da Tanzen im „Ulenspiegel" bisher nicht so hoch im Kurs steht, abgesehen von gelegentlichen Salsa- und Afrodisco-Abenden, etabliert Tobi zusammen mit den DJs Paddie und Alex 1993 die „Tanzbar" mit dem Hintergrundgedanken, dort die Musik aufzulegen, die sie auch selbst am liebsten hören. Da die Musik im „Ausweg" zu jener Zeit vermehrt in Richtung Gothic geht, zieht das Publikum zu weiten Teilen in den „Ulenspiegel", dazu kommen noch die Studenten. Das Konzept geht so gut auf, dass sich auch heute noch lange Schlangen am Eingang bilden.

Chillige Atmosphäre bei den Jazz-Abenden.

Shanghai an der Lahn

Von berüchtigten Bars und Spelunken

Vom Ulenspiegel aus machen wir einen Abstecher in die Löwengasse. Von den vom Krieg zwar verschonten, vom Zahn der Zeit aber schwer angenagten, halb baufälligen, morbiden Gassen und schiefen Fachwerkhäusern des Viertels lässt sich heute kaum noch etwas erahnen, da Anfang der 1970er-Jahre Denkmalschutz noch nicht groß geschrieben wird. Man reißt die alten Häuser für den Brutalismus des City-Centers einfach ab. Nach dem Krieg und vor dem Abriss ist das Revier bundesweit als „Shanghai an der Lahn" berühmtberüchtigt.

Die „Parisiana-Bar" in der Bahnhofstraße, das letzte Relikt des Gießener Rotlicht-Milieus, hat vor nicht allzu langer Zeit geschlossen, doch bleibt der Mythos bestehen. Zwar hatte die Realität niemals auch nur annähernd etwas mit der romantisierten Darstellung dieser Epoche gemein, aber so, wie beispielsweise in Hamburg-Sankt Pauli die Große Freiheit und die Reeperbahn Kult wurden, sind viele Gießener insgeheim ein bisschen stolz auf den verruchten Titel, den die Stadt im September 1950 von der Illustrierten „Quick" in einem Bericht über die hiesige Prostituierten- und Flüchtlingsszene verliehen bekam.

In dem „Quick"-Artikel geht es vorrangig um Menschen, die aus der sogenannten „Ostzone" als politisch Verfolgte in Gießen, damals „Deutschlands Hafen der Heimatlosen", strandeten, weil sie in den Uran-Gruben arbeiten mussten oder wegen ihrer Gesinnung polizeilich gesucht wurden. Zirka 600 Flüchtlinge kamen täglich aus Ostdeutschland in das Notaufnahmelager und hofften auf den begehrten „weißen Schein", der ihnen die Berechtigung zum legalen Aufenthalt in Westdeutschland und die damit einhergehende Arbeitserlaubnis erteilte. Allerdings waren die Chancen darauf gering, denn nur zehn Prozent der Menschen erhielten laut „Quick" den Flüchtlingsstatus.

Die Überreste der „Bar Parisiana", letzes Relikt der Rotlicht-Zeit.

Blick in die abgerissene Altstadt nahe der Löwengasse.

Die übrigen bekamen den „blauen Schein", der als Rückfahrkarte in den Osten galt. Viele der abgelehnten Bewerber rutschten in den Schwarzarbeitsmarkt und mussten sich von skrupellosen Unternehmern ausbeuten lassen.

Die Prostitution wird in dem reich bebilderten Artikel eigentlich nur am Rande erwähnt und dann auch eher in verschämten Andeutungen wie „... die vielen verschwiegenen Gäßchen und dunklen Ecken lassen noch andere Attraktionen ahnen ...", gefolgt von dem Hinweis auf die 15-mal höheren Behandlungskosten von Geschlechtskrankheiten im Vergleich zum Bundesdurchschnitt. Es ist der letzte Satz des Beitrags, der bis heute hängen blieb: „Das ist Gießen geworden, ein gefährlicher Boden, verlockend und sumpfig ... Shanghai an der Lahn!"

Das klingt schon verdammt exotisch, verrucht und gefährlich! Und vermutlich ist es das zu jener Zeit auch. Aufgrund der vielen U.S.-Soldaten ist eben auch die Dichte der Prostituierten in der Stadt außergewöhnlich hoch.

Man spricht von der höchsten Prostitutionsrate Europas. Über 500 Dirnen sind offiziell gemeldet, die Dunkelziffer fällt noch um einiges höher aus. Besonders im Revier der Bahnhofstraße und deren Seitengassen, wo heute eben das City-Center und das ehemalige Kaufhof-Gebäude stehen, befindet sich das Epizentrum des Lasters. Die GIs haben, verglichen mit den Einheimischen und hier Gestrandeten, einen ziemlich hohen Lebensstandard und Zugang zu Zigaretten oder Schokolade, was natürlich eine enorme Anziehungskraft ausübt. Das kurbelt nicht nur die Prostitution an, auch Drogenhandel und Verbrechen jeglicher Art blühen auf.

Auch die Dichte an Spelunken und Bars ist hoch. Berüchtigt sind beispielsweise das „Bel Ami" und die direkt gegenüber liegende „Romantica-Bar", die zeitweise auch dem Schwiegervater von Zdenka, der Chefin des „Quantums" gehören. Im Lauf der Zeit spielt es sich ein, dass das eine Lokal von weißen GIs und das andere von deren aforamerikani-

Legendäre Ami-Kneipen: Die „Romana-Bar" und das „Bel Ami"

Die lexikalische Manisch-Erfassung auf einem Bierdeckel von Hans-Günter Lerch.

Blick in die Katharinengasse vor dem Abriss.

schen Kameraden besucht wird. Mario Alves vom Oberhessischen Museum weiß, dass auch das manische Wörterbuch „Tschü Lowi", welches wohl in jedem zweiten Gießener Bücherregal zu finden ist, hier seine Wurzeln hat. „Der Hans-Günter Lerch ist zur Finanzierung seines Studiums eine Weile lang Bierausfahrer gewesen und konnte so 1968 erste Kontakte zu Originalsprechern knüpfen. In der ‚Romantice Bar' hat er die allerersten Wörter des Manischen verschriftlicht, und zwar auf einem Bierdeckel, der auch mal im Rahmen einer Ausstellung im Museum gezeigt wurde. Darauf steht geschrieben: ‚Butschepani'- Zwetschgenwasser, ‚Kampanzopper'- Herumhüpfer, Leichtfuß."

Im längst abgerissenen Samen-Hahn-Haus an der Ecke Bahnhofstraße/Reichensand ist die „Schott'sche Weinstube" beherbergt, zumal die Stadt auch den höchsten Weinumsatz des Landes gehabt haben soll. Und auch im „Fiaker" auf der anderen Straßenseite, dessen Spiegelbar bei einer üblen Schlägerei unter Luden in den 1960er-Jahren mal völlig verwüstet wird, oder in der „Casanova-Bar" geht es turbulent zu. Die Militärpolizisten springen nachts aus ihren Jeeps und knüppeln bei Razzien bisweilen die Soldaten vor den Augen der staunenden Stadtjugend aus den Lokalitäten. Das ist wie ein Live-Action-Film für die Gießener Nachtschwärmer, während die bunten Neonreklamen der „Casanova-Bar" und die sich drehende rote Windmühle des „Moulin Rouge" die Szenerie beleuchten. Es ist eine wilde Zeit – die Kriminalitätsrate soll über der von Frankfurt am Main liegen.

Dass hinter den Kulissen Elend statt Glamour stattfindet, ist unbestritten. Die „Gießener Freie Presse" berichtet 1946, dass 36 Milliarden Einheiten Penicillin in die US-Zonen Deutschlands eingeführt werden, die nicht für den freien Handel gedacht sind, sondern um explizit die grassierenden Geschlechtskrankheiten stationär zu behandeln. Bei nächtlichen Razzien in Wohnungen wird gegen „Wohnungsgeber(n), die Dirnen gegen Zigaretten und sonstige Nahrungs- und Genussmittel beherbergen", wegen Kuppelei vorgegangen. Zudem weist der „Freie-Presse"-Artikel darauf hin, „dass die bei den Wohnungskontrollen festgestellten Verstöße unnachsichtig zur Bestrafung gemeldet und die bestraften Wohnungsgeber in Zukunft mit voller Namensnennung in der Presse veröffentlicht werden". Die hohe Zeit des Viertels dauert noch bis Ende der 1970er-Jahre an. Noch heute sind die Namen der Bars und Etablissements vielen geläufig, von der „Casanova-Bar" an der Ecke Neustadt über das „Moulin Rouge" bis hin zum „Onkel Otto" in der oberen Bahnhofstraße.

Heike Siebels erinnert sich: „Alle sechs Wochen sind wir als Grundschüler zu spät in die Goethe-Schule gekommen, weil wir auf dem Schulweg an der ‚Casanova-Bar' vorbei sind und dann da in den Schaukästen die Bilder erneuert wurden. Da haben wir uns immer ganz genau die Striptease-Girls mit ihren bunten Butterfly-Kostümen angeguckt. Und dann galt es für uns acht-, neunjährigen Mädels als Mutprobe, in die Puffs hereinzuspazieren und 'ne Cola zu bestellen. Ich weiß noch, wie ich mich in den ‚Fiaker' reingetraut hab'. Der Wirt hat mir 'ne Afri-Cola in die Hand gedrückt und gemeint, wenn ich mal älter bin, könnt' ich nochmal vorbeikommen", lacht Heike.

Auch Karin weiß noch, wie sie in ihrer Jugend Stammgast im „Go-Go-Club" war: „Wir waren ja eigentlich noch zu jung. Deshalb haben wir unseren Schülerausweis gefälscht, um 'reinzukommen, der Laden hat ja schon um elf Uhr vormittags aufgemacht. Ich hatte ja erst richtig Schiss bei der Kontrolle, aber dann ging's rein, ein paar Stufen hoch und einen schmalen Gang entlang. Vorbei an der ovalen Theke, links und rechts waren Sitzecken und schon ging es zum leuchtenden Tanzboden mit Glasplatten und dem DJ-Pult. Direkt daneben war unser Lieblingstisch, ganz nah dran am Geschehen. Meine Freundin war ganz verknallt in den DJ. Da lief viel Soul und ich hab' das erste Mal mit einem schwarzen GI getanzt, nachdem er mich dreimal mit ‚You wanna dance?' auffordern musste. Mein Schulenglisch war ja ganz gut, aber der American Slang war echt hart", lacht sie. „Überall gab es so kleine Durchgänge, von wo man wieder an die Theke kam, und da saßen dann auch immer die harten Kerle, die Hombach-Zwillinge und, auch ganz schlagkräftig unterwegs, der Heinz Althaus. Da hat man besser kein falsches Wort gesagt. Manchmal gab es Polizeikontrollen, dann hieß es, nix wie die Beine in die Hand und raus.

Die Reste des „Onkel Otto" in der oberen Bahnhofstraße.

Dann sind wir oft ins ‚Bel Ami' rüber, da stand ein Tischfußball, den wir bearbeitet haben. Erst so nach und nach haben wir gemerkt, was da sonst noch so abging. Klar, da standen die Frauen oben ohne rum, aber da haben wir Teenager uns gar nicht drum gekümmert. Aber wenn die Frauen uns draußen erwischt haben, wollten sie uns richtig vermöbeln, weil sie dachten, wir mischen uns in ihr Geschäft ein", ergänzt Karin.

Die boxenden Hombach-Brüder.

Dass das Interesse an Gießens verruchtverrufener Vergangenheit immer noch ungebrochen ist, zeigt auch die rege Beteiligung an der „Shanghai"-Tour, die Gästeführerin Jutta Failing schon seit Jahren anbietet. In den Gruppen, die sie durchs Quartier führt, sind oft auch ein paar alte Gießener dabei, die eigene Anekdoten beisteuern können. Sei es die Geschichte aus oben genanntem „Go-Go-Club", dessen Besitzer aufgrund seiner Ähnlichkeit mit dem berühmten Regisseur nur „Hitchcock" genannt wurde. Um seine Gäste zu erschrecken, ballerte er schon mal mit einer Maschinenpistole herum und zerschoss dabei seine eigenen Scheiben. Oder die Story von der Bühne im „Moulin Rouge", wo echter Sex, Gesang und Damen-Schlammcatchen stattfanden. Und sogar ein echter Löwe sei auch dort aufgetreten, so geht jedenfalls das hartnäckige Gerücht. Er war ein Geschenk einer Tochter von Äthiopiens Kaiser Haile Selassie, der selbst mit einem zahmen Löwen lebte und 1954 als erster offizieller Staatsgast die junge Bundesrepublik besuchte. Der Löwe ging dann als Geschenk an die Goetheschule zu deren 80-jährigem Bestehen im Jahr 1964. Schließlich landet das arme Tier im Privatzoo der Firma Sommerlad in der Bahnhofstraße. Da es vom Möbelgeschäft zur Bar nur einen Katzensprung ist, kann es also gut möglich sein, dass der Löwe vors Nachtpublikum gezerrt wurde, zumal sich auch Hermine Siebert daran erinnert, wie die halb zahmen Löwen mal ausgebüxt sind: „Plötzlich war Alarm in der Bahnhofstraße, weil da die Löwen frei 'rumgelaufen sind. Die sind dann auch runter ans Ufer der Wieseck, um dort zu trinken. Währenddessen haben die Taxifahrer mit ihren Autos die Straßenenden gesperrt, bis die Polizei kam und die Raubkatzen wieder eingefangen werden konnten."

Ob Dichtung oder Wahrheit, geblieben ist jedenfalls der unrühmliche Begriff vom „Shanghai an der Lahn", mit dem der Gießener manchmal seine brave Heimatstadt ein bisschen verruchter präsentieren kann ..., falls mal wieder Besuch aus Hamburg da ist.

Ascot

Dicke Autos und wilder Fasching

Unser nächster Rundgang startet unten in der Ludwigstraße. Die ist ab den 1970er-Jahren Gießens Kneipenmeile schlechthin. Hier reiht sich Kneipe an Kneipe, die Namen und Besitzer fluktuieren zwar oft so schnell wie die durstige Kundschaft, aber einige Läden bleiben unvergessen. 1988 wird der Meile sogar von der Band „Double You" auf der Platte „Them Ol' Songs" ein Lied gewidmet, das sich, jedenfalls in Gießen, zum Hit entwickelt: „Well, here I am in Gießen City, aheadin' for some crowded bars, walkin' down ol' Ludwigstreet, Ascot, Andechs, Appletree ..." heißt es da im Text. Bei Radio-Hoffmann werden am Tag nach der Veröffentlichung fast hundert Platten verkauft. Damit liegt das Duo von den Verkaufszahlen her sogar noch vor Michael Jackson. Das Plattencover, vom Gießener Künstler Hans-Michael Kirstein gezeichnet, fängt dazu passend den Zeitgeist perfekt ein mit seinem Blick von oben über die Partymeile. Die Aufnahmen zur Platte fanden in den legendären „Abbey Road Studios", wo bereits die Beatles ihre Platten aufnahmen, statt. Als Sänger Helmut Weber in Deutschland mit seinem Koffer voller Platten landet, geht er damit zuerst ins „Ascot", wo die ersten Scheiben verkauft werden.

Der musikalische Blick in die „Lu", gemalt von Hans-Michael Kirstein.

Auch wir starten unsere Tour dort und treffen kurz vor der Kreuzung an der Bismarckstraße, gegenüber der Liebigschule an der „Ascot"-Theke Besitzer Peter Tydeman, der uns ein bisschen aus der Geschichte des Ladens erzählt: „Das Ascot hat 1971 der Erwin Steinbach gegründet, das war eigentlich so die erste richtige Kneipe weit und breit. Vorher gab es ja nur solche Wirtshäuser, wo man an den Tischen bedient wurde. Als Erwin mal in England war und die dortige Kneipenkultur gesehen hat, die Pubs mit den langen Theken, mit viel dunklem Holz und Butzenscheiben, war er so begeistert, dass er so was auch in Gießen haben wollte. Das Haus hier hat seinen Schwiegereltern gehört, da konnte er sich dann seinen Traum erfüllen und taufte den Laden, ganz britisch, nach der weltberühmten Pferderennbahn. Danach hat er ja noch weiter oben die ‚Zwibbel', das ‚Belle Epoque' am Ludwigsplatz und den ‚Bierbrunnen' in den ‚Neuen Bäuen' eröffnet. Sein letztes Projekt war weiter vorne in der Ludwigstraße 10. Da ließ er den Keller ausheben, um 'ne tiefer gelegte Kneipe reinzubauen. Aber das Projekt hat er nicht mehr fertiggestellt, da er in Kitzbühel ums Leben kam, als er mit seinem Porsche in einen Zug krachte. Ich weiß noch, dass die Gastronomen von den Münchner Wiesenwirten Kaub & Kuffler die Einrichtung machen sollten, einer war dann auch hier im ‚Ascot' und hat erzählt, dass sie in München gerade den Biergarten im Englischen Garten eröffnet hätten, wo am ersten Tag direkt 250 Fässer verzapft wurden. Da hab' ich große Augen gemacht – das hätte im ‚Ascot' für vier Jahre gereicht, obwohl der Umsatz hier auch nicht zu wünschen übrig ließ. Durch die Nähe von Uni und Schule sind schon morgens locker

Rote Rosen ranken am „Ascot".

Wirt Peter an der Theke.

„Ascot"-Runde.

Beim Faschingszug war das „Ascot" immer gerne mit einem eigenen Wagen unterwegs.

200 Kaffee über den Tresen gegangen. Das hat sich erst geändert, als in der Liebigschule eine Cafeteria eröffnet wurde. Und der Christian Schmeling, der hier jahrzehntelang gearbeitet hat, hat die Kneipe immer voll bekommen, das war ein richtiger Kult-Wirt."

Schmeling, der schon als 18-Jähriger im Ascot hinter der Theke steht, hat in einem Interview mit der Gießener Allgemeinen erzählt: „Die Schallplatten waren bei dem Betrieb schnell verdreckt, oft auch von Zigarettenasche bedeckt. Wir haben einfach Schnaps auf die Platten geschüttet. Danach sind sie wieder einwandfrei gelaufen."

Zur Faschingszeit geht es dann erst recht ab. Da wird das „Ascot" zum Epizentrum, denn in den 1980er-Jahren kann es der Gießener Fasching von der Stimmung her fast mit dem rheinischen Karneval aufnehmen, und so hat der Laden dann auch in der heißen Phase vom Nelkensamstag bis zum Veilchendienstag nonstop geöffnet. Wenn der Zug am Sonntag direkt vor dem Laden vorbeirollt und die Närrinnen und Narhallesen ordentlich Schoppendurst haben, wird das Bier auch gleich direkt in Pappbechern aus einem Pavillon in der Hofeinfahrt nebenan verkauft. Da kommt es vor, dass hundert Liter, also ein ganzes Fass, in einer guten halben Stunde leer wird.

Michael Keil, der zu Steinbach-Zeiten jahrelang Stammgast ist und in der fünften Jahreszeit auch ab und an aushilft, erinnert sich: „Das war irre, was hier los war! Der Laden war von Samstag bis Faschingsdienstag nonstop geöffnet. Wenn du vom Eingang einmal quer durch bis auf's Klo wolltest, hast du mindestens 'ne Stunde dafür gebraucht. Gegenüber auf dem Schulhof stand ein Bauwagen mit Bett und Dusche, den hat da immer ein Kumpel, der ein Bauunternehmen hatte, hingestellt, damit wir während der Tage wenigstens ein bisschen Grundhygiene hatten. Ab und zu sind wir auch mal mit 'nem Mädel drin verschwunden. Wenn dann Fasching vorbei war, wurde der Laden direkt renoviert, so wie das da aussah. Das Volk stand ja auf der Theke und hat da getanzt, in die Holztische haben sie sich verewigt und ihre Namen eingeritzt."

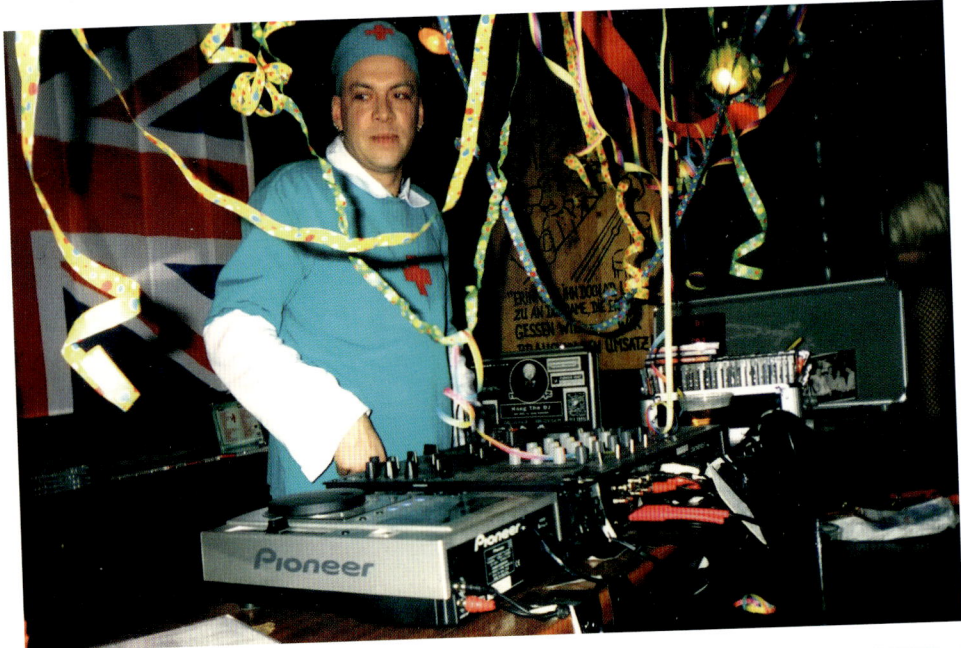

DJ Andypendent am Faschings-Turntable.

Doch dann kommt es 1989 zu einem dramatischen Ereignis, welches dann auch tatsächlich eine Zäsur im Gießener Fasching wird. Während der alkoholgeschwängerten Zeit ist immer wieder mal bei einigen Feiernden, die mit Alkohol nicht so gut umgehen können, die Lunte arg kurz. Es gibt hier und da auch mal Prügeleien. Doch die Schlägerei, die im Ascot startet, läuft bald aus dem Ruder. Dreißig bis vierzig Mann sind am Ende daran beteiligt, trotz aller Schlichtungsversuche von Peter brandet sie immer wieder auf und am Ende wird ein junger Mann totgeschlagen. Das tragische Ereignis geht bundesweit durch die Presse und als Konsequenz werden bald Bauzäune aufgestellt, und Einheiten der Bereitschaftspolizei dominieren das Straßenbild. Der Faschingszug wird so umgeleitet, dass der nicht mehr durch das Epizentrum der Ludwigstraße führt.

Aber das war ja alles viel später, erzählt Peter: „Nachdem jedenfalls Erwin seinen tödlichen Autounfall hatte, war Klaus Lörch der Pächter vom ‚Ascot'. Danach hat es der Hartmut Leibbrand von der gleichnamigen Handelsgruppe, die später im Rewe-Konzern aufging, übernommen. Aber der hat das wie 'ne Eisdiele eingerichtet, da blieb dann schnell die Kundschaft weg. Anfang der 1980er-Jahre

Peters Motorrad als Deko hinterm Tresen.

saß ich mit 'nem Kumpel im ‚Red Brick'. Der erzählte mir, dass das ‚Ascot' zugemacht hätte. Wir haben angefangen, ein bisschen rumzuspinnen und überlegten, den Laden zu übernehmen, zumal er den Leibbrand kannte. Ich hab' sogar meine Harley für die Startfinanzierung verkauft.

Dummerweise lief unsere Zusammenarbeit nicht so rund, wie geplant, also hab' ich dann meinen Teilhaber ausbezahlt und den Laden alleine übernommen. Eigentlich wollte ich dem Leibbrand ja seinen Testarossa abkaufen, aber die Kohle floss dann in die Auszahlung und meine Ferrari-Träume sind gestorben", erinnert sich Peter. Dass er ein Faible für besondere Autos hat, merkt man auch an einer anderen Geschichte, die ihm einfällt: „Der Leibbrand hat mal mit seinem Testarossa direkt vorm ‚Ascot' geparkt, als ein Pharmavertreter sich mit seinem Rolls-Royce-Cabrio dahintergestellt hat. Als sich danach noch ein Gast mit seinem Mercedes 300 SL davorstellte, war der Leibbrand erst mal für ein paar Stunden eingeparkt und vor meiner Kneipe standen die teuersten Autos in einer Reihe. Die Leute, die vorbeigingen, haben große Augen gemacht und ich hab' mich geärgert, dass ich keinen Fotoapparat dabei hatte." Aber nicht nur parkende Autos, auch Peter selbst kann bisweilen für Aufsehen sorgen. Eine große Bullenpeitsche, die er von einer Haushaltsauflösung hat, hängt jahrelang über der Theke. Draußen auf der Straße hat Peter dann mal seine Peitschenkünste gezeigt. „Aber da kam ein Kasache, der hat mir gezeigt, was man da wirklich alles mit anstel-

Pause nach der faschingsbedingten Kneipenrenovierung.

len kann. Seitdem hab' ich die Peitsche nicht mehr angerührt", lacht Peter.

Michael erinnert sich: „Damals stand auch noch die Fußgängerampel direkt vorm Ascot, die war aber fast immer kaputt, weil die Leute, die draußen vorbeigelaufen sind, jedes Mal durch die Butzenscheiben in die Kneipe geguckt haben, und gegen den Pfosten knallten." Ob das der Grund ist, dass die Ampel mittlerweile weiter vorne an der Kreuzung steht?

Wir gehen jedenfalls ohne Blessuren weiter die Ludwigstraße hinauf, am Haus mit der Nummer 20 vorbei, wo einst das „Le Mans" war, welches dann aber nach einigen Umbenennungen letztendlich zu Wohnraum umgebaut wurde, genau wie das „Heckmeck", welches sich ein Stück weiter oben an der Kreuzung zur Bleichstraße befand.

K.W., Le Mans und Unikum

Vom Kaiser Wilhelm zum K.W.

Das „Le Mans", von Rolf-Dieter Greilich Anfang der 1970er-Jahre eröffnet, wird von Gießenern, die es nicht so mit dem Motorsport haben, auch gerne einfach „Lehmanns" genannt. Greilich, dessen Eltern schon das „Gambrinus" in der Frankfurter Straße betreiben, will nach Jahren in West-Berlin, wo er nach der Hotelfachschule im KdW Geschäftsführer des dortigen Restaurants ist, wieder zurück nach Gießen und dort eine Kneipe eröffnen. Die Metzgerei von Eiff hat einen Laden vakant, in dem noch ein edler Schuhladen angesiedelt ist. Aber da bereits der Seltersweg als „Schlappegass" bekannt ist, geht der Laden bald pleite und Rolf-Dieter, der ein großes Faible für Rennautos hat und selbst Tourenwagen bei DTM-Rennen um den Dünsberg, aber auch in Spa und Italien gefahren hat, kann seine Kneipe eröffnen.

„Le Mans" und nicht „Lehmanns".

„Ich hab' damals alles gefahren, was vier Räder hat. Und dementsprechend wollte ich meine Kneipe auch einrichten. Die Brauerei hat dabei keine Kosten gescheut und meine Vorstellungen bei der Verwirklichung unterstützt. Draußen an die Fassade waren Motorsportmotive dran gemalt und innen hatten wir einen halbierten Formel-3-Rennwagen, den wir zu 'nem Formel-1-Wagen umgebaut hatten, an die Wand gedübelt. Für die Vertiefungen bei den Reifen mussten wir ordentlich Material aus der Wand holen, aber das hat sich gelohnt – das war ein richtiger Hingucker!

Weniger gut war, dass ich den Laden anfangs mit zwei Partnern gemacht habe. Da hatte ich bald das Gefühl, dass die ganze Arbeit an mir hängen bleibt, während die andern im Schwimmbad liegen. Deshalb hab' ich mir gesagt, ich muss einen Laden alleine führen, da steh' ich dann auch allein für Erfolg und Misserfolg gerade. In der Zeitung hab' ich eine Annonce entdeckt: ‚Verpachte ebenerdigen Laden'. Da das fast um die Ecke in der Goethestraße war, hab' ich mir den gleich angeschaut. Erst gab's ein bisschen Hin und Her mit dem Besitzer, der eigentlich in den ehemaligen Tante-Emma-Laden eine Apotheke haben wollte. Aber nachdem ich zugesagt hab', dass keine Disco in die Räume kommt, hab' ich dort 1976 den „Kaiser Wilhelm" aufgemacht. Da die Binding-Brauerei das beste Angebot gemacht hat, hab' ich deren Bier ausgeschenkt, und da kamen die zur Eröffnung direkt mit ihrem Brauereigespann und sind den ganzen Tag auf Werbetour für's K. W. durch die Stadt gefahren."

Halb so kaiserlich gemeint, das „K.W.".

Das Binding-Gespann auf Gießens Straßen.

Die Einrichtung für die Kneipe baut sich Rolf-Dieter größtenteils zu Hause in seiner Werkstatt selbst und lässt dabei seiner Fantasie freien Lauf. Die Rückwände der Bänke zimmert er aus alten hölzernen Bettgestellen, die Decke über dem Theken-Karree täfelt er mit alten Rollbrettern aus der Zigarrenproduktion und gibt der ganzen Kneipe mit alten Straßenschildern, Reklametafeln und Lampen ein nostalgisches Flair.
„Bloß das mit dem Namen war im Nachhinein 'ne blöde Idee, da hab' ich nicht drüber nachgedacht. Auf'm Flohmarkt hab' ich mir ein altes Kaiser-Wilhelm-Gemälde gekauft, weil ich das lustig fand, wie er da mit seinem hochgezwirbeltem Bart abgebildet war. Das hab' ich dann halt so als Oberthema für die Einrichtung genommen, mit viel Stücken aus der Kaiserzeit. Aber zum einen bekam ich Ärger mit dem AStA, weil die dachten, das wird so ein reaktionärer Laden, zum andern tauchten da tatsächlich anfangs schlagende Verbindungsstudenten auf. Als Udo Lindenberg aus den Boxen kam, meinte einer wirklich, ich soll mal die dekadente Musik ausmachen. Als dann einer von denen auch noch mit 'nem Säbel an der Hose seine Freundin 'reinschleppte, um ihr das Kaiserbild zu zeigen, hatte ich genug. Ich bin 'rüber zur Verbindung und hab' deutlich gemacht, dass ich keinen mehr von denen bei mir sehen will. Danach hat sich das dann auch alles eingependelt, zumal der Laden eh nur als „K.W." betitelt wurde.

Anfangs hatte ich ja noch Mittagstisch, da kamen immer die Leute vom Finanzamt rüber, aber irgendwann wurde mir das dann doch zu viel. Abends musste ja immer schon alles vorbereitet werden, gerade wenn es Rouladen und so gab. Von morgens um acht bis nachts um drei stand ich hinterm Tresen. Nach vier Jahren hab' ich dann umgebaut, mir die Kühltheke reingestellt, und ab dann gab's satt machende Salate und Toasts und ich hab' den Laden erst um 18.00 Uhr aufgemacht. Von den Salaten gingen abends locker fünfzig bis sechzig weg."

Claudia, die 1996 im K.W. angefangen hat und immer noch hinter der Theke steht, ergänzt lachend: „Und wenn der Rolf-Dieter einen weiblichen Gast besonders entzückend fand, hat er die Toasts in Herzchenform geschnitten." Als Jutta dann zu Fasching direkt von der Skigymnastik in die rappelvolle Kneipe kommt und irgendwann moniert, dass man hier dauernd vergessen wird, sagt Rolf-Dieter nur: ‚Dich vergess' ich garantiert net!' und hat damit seine Frau gefunden." Aber er ist wohl nicht der einzige Topf, der hier seinen Deckel gefunden hat. „Ich könnte die Hütte zweimal füllen mit den Leuten, die sich hier kennengelernt und geheiratet haben", sagt er.

Unter dem Motto „Backen ohne Fett" geht es an Fasching sowieso immer ordentlich ab. Das

Finde den echten Rolf-Dieter.

Thekenfrau Claudia, zu Fasching auch mal vor dem Tresen.

Klo wird öfter für amouröse Zwischenspiele genutzt, sodass der Wirt bisweilen einschreiten muss. Auch die MTV-Basketballer der zweiten Mannschaft haben hier ihren Stammtisch und werfen auch schon mal nachts um zwei nackt auf dem benachbarten Sportplatz Körbe. Zu den Sportlern gesellen sich die Sportredakteure der Lokalzeitung, bei denen Altbier, getuned mit zwei Metaxa, beliebt ist. „Der Albert hat dabei immer seinen Autoschlüssel auf der Theke liegen lassen. Und als mal nach einem Umzug von der Studentenwohnung im Haus 'ne Kommode ewig im Hof stand, hab' ich mir den Schlüssel heimlich geschnappt und das Teil hinten in seinen Kombi gepackt. Drei Tage hat er das Ding rumkutschiert. Erst als er sein Auto an 'nen Bekannten verliehen hat, der ihn fragte, was er mit der Kommode will, hat er es bemerkt", lacht Rolf-Dieter. Aber auch andere Gäste, die mit dem PKW kommen, sind nicht sicher vor seinen Einfällen: „Der Rudnick hat mit seiner Kiste im Hof geparkt. Da sind wir mit ein paar Mann raus, haben das Auto angehoben und quer zur Wand wieder abgestellt. Beim nächsten Mal hab ich ihm noch die Karosserie mit Kaltschale überzogen, das war so richtig schön glänzend rosa. Als er in die Waschanlage gefahren ist, hat ihm der Tankwart zur Vermählung gratuliert, weil er dachte, er hätte gerade geheiratet."

Zur Faschingszeit stehen auch mal ältere Damen hinter der Theke ...

... und jüngere davor.

Da Rolf-Dieter nicht nur auf Autos steht, sondern auch Ski fährt, ergibt es sich, dass er mit einigen Stammgästen zusammen Skireisen ins österreichische Saalbach-Hinterglemm veranstaltet: „Da waren immer so 30 bis 50 Leute dabei, das war wie auf der Klassenfahrt. Treffpunkt war im K.W. Und bei Bad Nauheim musste der Bus schon zum ersten mal für 'ne Pinkelpause anhalten, weil sich alle schon druckbetankt hatten. Da sind sogar Leute mitgefahren, die überhaupt nicht Skifahren konnten, da ging es nur um den Après-Ski", erinnert sich Rolf-Dieter.

Nach dreißig Jahren sieht er dann den Zeitpunkt gekommen, die Kneipe in neue Hände abzugeben. Haiko Schimpf, der gerade auf der Suche nach einem Lokal ist, erfährt davon und übernimmt das Lokal unter altem, neuen Namen. „K.W." steht nun nicht mehr für „Kaiser Wilhelm", sondern für „Kaffee Wolkenlos".

„Ein paar Sachen mussten dann doch noch gemacht werden. Den Biergarten hab' ich umgebaut und erst mal eine Anlage angeschafft. Bei Rolf-Dieter lief ja jahrelang nur Radio. Und immer wenn ich im ‚Unikum' war, haben die dort die Spiele vom 1. FC Köln gezeigt, weil der Micha Argel Fan war. Da hab' ich mir gesagt, ich mach' meine Kneipe, in der die Frankfurt-Spiele laufen werden. Und mittlerweile ist hier der Fanclub regelmäßig zu den Spielen."

Und als Haiko das „Tils"-Bier in sein Programm aufnimmt, sitzt auch bald ein alter Gießener Kneipengänger mit ihm im Biergarten, nämlich Til Schweiger, der auf Promo-Tour für sein Pils unterwegs ist. Das führt dann später dazu, dass Haikos Sohn in einem Film von Til Schweiger mitspielt.

Nachdem das „Le Mans" eine Weile „Snoopy" geheißen hat, wird es dann von Michael Agel auf „Unikum" getauft, was eigentlich durch seine Lage schräg gegenüber vom altehrwürdigen Unihauptgebäude schlüssig ist. Hinter der Theke steht in den Neunzigern Heike Siebels, um ihr Studium zu finanzieren. „Durch die ganzen Studenten war natürlich immer schwer was los. Und das ‚Unikum' hatte eine ziemliche Sonderstellung – die Kneipe war nämlich brauereifrei. Wir waren also nicht an eine Biersorte gebunden und so gab es immer mal Abwechslung am Zapfhahn, gerne auch aus den Gegenden, wo die Studis herkamen, die von der ZVS, also der Zentralen Vergabestelle für Studienplätze, nach Gießen gespült wurden. So gab's dann mit Veltins, Bit oder Jever immer ein paar Schlückchen gegen das Heimweh.

Als der Hausbesitzer, ein Lollarer Getränkehändler, sich dann aber wegen einer Kreditvergabe von der Gießener Brauerei kaufen ließ, hat Michi im Zorn mit Stühlen nach ihm geschmissen. Zu meiner Geburtstagsfeier im ‚Unikum' hatte ich kistenweise Flaschenbier angeschleppt. Das kam wiederum allgemein so gut an, dass wir ab dann auch für die normalen Tage heimlich Flaschen zukauften, um die Gießener Brauerei zu umgehen. Gerade wenn Fußballübertragungen liefen, war das der Renner, weil man mit den Flaschen nicht so lange auf sein Bier warten musste", erinnert sich Heike.

Auch an Fasching ist die Bude rammelvoll, zuvor allerdings werden sicherheitshalber erst mal alle Scheiben abgeklebt und der schwere Billardtisch, das Herzstück des oberen Zimmers, muss weggewuchtet werden. „An Fasching hab' ich mich auch mal mit 'ner Freundin als Klofrau verkleidet. Da sind wir dann die Ludwigstraße runter bis zum ‚Milljöh' und haben uns vor dem Männerklo aufgebaut. Jedem, der auf's Klo wollte, haben wir gesagt, dass er erst mal zahlen muss, wenn er rein will: Ein paar haben zwar doof geguckt und gemotzt, aber die meisten haben's mit Humor genommen und 'ne Mark springen lassen", lacht Heike.

Wenn man jahrelang hinter der Theke steht, weiß man, dass die Sprüche und Bonmots immer spannender und schräger werden, je später der Abend wird und je mehr Biere den Hals hinabfließen. Blöd bloß, dass man die meisten vergisst, wenn man mitfeiert. Heike holt eine Schachtel hervor und erzählt: „Deshalb hab' ich mir irgendwann angewöhnt, immer Zettel und Stift dabei zu haben. Da hab' ich mir immer, wenn wieder irgendein Knaller kam, direkt Name, Uhrzeit und den Spruch aufgeschrieben. Ein paar von den Zetteln hab' ich hier immer noch. Den hier zum Beispiel bekam ich gedrückt, als ich am Tresen mal wieder mein loses Mundwerk nicht im Griff hatte: ‚Der kürzeste Abstand zwischen zwei Fettnäpfchen wird in Siebels gemessen.' Oder als ich mich im „Domizil" mal über Frankfurt ausgelassen hab, meinte Bertram um 3:17 Uhr bloß ganz trocken: ‚Frankfurt ist alles in allem eine große Enttäuschung.' Und dann hab' ich hier noch 'nen Schnipsel, da haben wir nachts wohl über die RAF oder Ähnliches diskutiert. Britta erzählte statt von der ‚Ulrike-Meinhoff-', von der ‚Ulrike-Meyfarth-Bande'. Das sind alles Perlen, die ich sonst schon längst vergessen hätte."

Aber das ist wieder eine ganz andere Geschichte, wir gehen erst mal um die Ecke zur „Alten Kate".

Alte Kate

Flipper, Billard und eine Eisenbahn zu Weihnachten

An der Ecke Bismarckstraße/Stephanstraße, liegt hinter alten, großen Rundbogenfenstern die „Kate", früher noch die „Alte Kate", die Peter Ackermann eröffnete, der zuvor auch „Pits Pinte" gründete und kurzfristig das „Dortmunder Eck". Heike Fredrich-Grohs gehört zur Stammmannschaft der Gründerzeit und erinnert sich: „Ich hab' Anfang der Achtziger noch als Verkäuferin gejobbt, als mir 'ne Freundin, Heidi, sagte, dass die ‚Alte Kate' noch Bedienungen sucht.

...und am Zapfhahn.

Heike hinter der Theke...

Als die „Kate" noch alt war.

Zu der Zeit war das mehr so 'ne Studentenkneipe, die vormittags von elf bis ein Uhr nachts aufhatte. Aber es kamen auch die Malocher, die nach der Schicht vom Bänninger oder bei Heyligenstaedt hier zwo, drei Feierabendschoppen tranken. Und die Leute vom Finanzamt, waren auch da. Für den Erwin musste immer pünktlich um fünf nach zwölf ein frisch Gezapftes auf der Theke stehen. In der halben Stunde Mittagspause hat er dann drei Bier abgepumpt.

Außerdem gab es noch viele Stammtische, da die Liebigschule, die nebenan liegt, 'ne Menge VHS-Kurse anbot, die sich dann hier weiter getroffen haben. Mit vielen von denen treffe ich mich auch heute noch. Eingerichtet war die ‚Alte Kate' passend zum Namen ganz rustikal: viel Holz, rundherum gab es Bänke und eben die lange Theke mit der alten Vitrine. Und natürlich die Flipperautomaten und der Billardtisch, der war sehr beliebt. Der Udo kam immer einmal im Monat mit 'ner

Fasching '89.

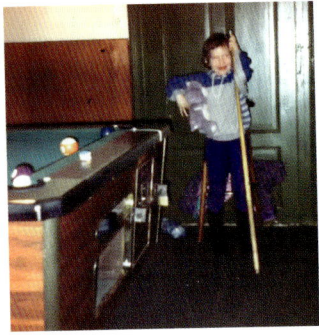

Heikes Sohn übt schon beizeiten den Umgang mit der Queue.

Weihnachtsstimmung in der „Alten Kate".

Peter Ackermann mit seiner Eisenbahn.

ganzen Rolle Markstücke und hat dann die ganze Nacht durchgezockt. Ich war ja eher die Flipperkönigin, die Automaten hatte ich gut im Griff. Für Stammgäste hab' ich dann auch immer mal ein paar Freispiele rausgeholt.

Wenn der Peter Dienst hatte, lief tagsüber immer Nordsee-Musik, Freddy Quinn und Hans Albers. Der hatte ein Faible fürs Meer, von der Ostsee hat er auch immer den „Götz von Berlichingen"-Schnaps kistenweise mitgebracht, den es dann hier gab. Einer der Stammgäste, der Uwe, meinte gerne: ‚Heike, ich könnt' mal um die Dosierer kreisen', also, von jedem Schnaps, der kopfüber in den Halterungen über der Theke hing, querbeet ein Glas nehmen. Der ist dann mit dem Fahrrad nach Hause, aber so langsam, dass man dachte, der steht und müsste gleich umfallen.

Ich hab' immer drauf geachtet, dass die Jungs nicht besoffen Auto fahren, aber der kleine Walter vom Radio-Horst, den hat die Polizei mal angehalten. Als er das Fenster runtergeleiert hat, muss er so nach Sprit gerochen haben, dass der Lappen direkt weg war. Dabei wollten die ihm nur sagen, dass er sein Licht nicht anhatte. Der Helmut ist immer an der Theke eingepennt, den hast du nicht wach gekriegt. Einmal ist er mit dem Taxi heim, nach Rechtenbach. Unterwegs ist er im Auto eingeschlafen und der Taxifahrer hat ihn nicht mehr wach bekommen. Also ist er mit ihm zurück nach Gießen, auf die Wache. Nachdem die Beamten ihn irgendwie aufwecken konnten, ging die Fahrt noch mal los und er musste doppelt zahlen.

Zu Weihnachten war es in der ‚Alten Kate' Tradition, dass die Väter mit ihren Kindern kamen. Dann hat der Peter Ackermann seine Modelleisenbahn aufgebaut und die Kids haben Billard gespielt und es gab Kaffee und Plätzchen. Als die Kleinen dann zu groß waren, kamen eben nur noch die Väter. Aber irgendwann ließ der Peter das Geschäft schleifen und die Leute blieben weg. Ich war noch bis '95 da, danach hab' ich noch bis zur Euro-Einführung beim Heinz in der ‚Zwibbel' gearbeitet."

Oktave

„Nak! Sex Machine!"

Wir schlagen einen Bogen zurück in die Ludwigstraße, wo, etwas versteckt im Hinterhof, die „Oktave" Musikfreunde lockt. Mitte der 1970er-Jahre wird der Laden vom ehemaligen „Holzwurm"-Betreiber Micha Vogl und seinem Kompagnon Wilfried Reiter gegründet. Der Laden steht für Musik jenseits des üblichen Pop. Es läuft viel Jazz, Blues und Soul, aber vor allem die Live-Auftritte ziehen das Publikum an. Rüdiger Nakat, in Gießen besser unter seinem Spitznamen „Nak" bekannt, erinnert sich noch gut an seine Auftritte in der „Oktave": „Ich bin ja wie so viele über's Studium nach Gießen gekommen. Da sich in der ‚Oktave' immer viele Studenten getroffen haben, bin ich auch irgendwann dort gelandet. Es gab immer viele Diskussionen bei noch mehr Bier. Da waren Chaoten, Psychologen, Schriftsteller, die ganze Bohème. Und es waren eben auch immer 'ne Menge Musiker vor Ort. Es konnte schon passieren, dass nach fünf Bier eine großartige neue Band gegründet wurde, die sich nach acht Bieren aber schon wieder auflöste, weil die Chemie plötzlich nicht mehr stimmte.

Ich hab' hier alle Bands kennengelernt, in denen ich gesungen hab'. Und aufgetreten sind wir natürlich dann auch dort. Die Bühne war ziemlich klein. Wenn du mit acht Mann hoch bist, wurde es schon arg eng, allein das Schlagzeug hat ja schon locker ein Drittel vom vorhandenen Platz eingenommen. Dafür war die Bühne aber direkt neben der Theke, sodass man während des Sets mit den Fingern anzeigen konnte, wie viel Bier die Band brauchte und die kamen dann auch direkt. Das Bier war eh die Hauptgage. Wir haben zwar immer auf so 'ner Art Honorarbasis gespielt, aber wenn du mit acht Mann spielst, bleibt nicht viel übrig. Hauptsächlich ging es um den Spaß. Und natürlich war es spitze, wenn man auch noch ein paar Mädels kennenlernen konnte. Ich sag' immer ‚lieber 'n wackligen Tisch in der Kneipe als 'ne feste Beziehung'", lacht Nak.

Nak rockt die „Oktave".

Etwas mehr Gage bleibt wohl bei den überregionalen Größen hängen, die dort im Lauf der

"Like a Sexmachine!"
Nak & Band ...

... auf der
„Oktave"-Bühne.

Zeit auftreten, wie etwa die Jazzlegenden Emil Mangelsdorff, Peter Brötzmann oder der Franzose Louis Sclavis. „Aber das Publikum", so erzählt Nak, „ist bei allen Liveacts gleichermaßen kritisch und aufmerksam. Die Leute hatten zwar immer schon gut einen im Tee, aber die haben schwer auf die Qualität geachtet. Bei einer Band, die gut abging, wurde dann auch gleich viel getanzt. Auch wenn es keine Tanzfläche gab, standen alle dicht an dicht, und dazu hat noch ausnahmslos jeder geraucht, sogar ich, der als Sänger oben auf der Bühne stand. Mit dem ‚Horst Manderbach Orchester', das war ja 'ne Big Band, war da eine Stimmung! Das Publikum wollte dauernd ‚Sex Machine' von James Brown, ich hab' das Lied eigentlich nicht gemocht, aber wenn alle ‚Nak! Sex Machine!' rufen, was willste machen. Als Sänger ist man ja auch 'n Aushängeschild für die Band, also geht man auf's Publikum ein. Da fühlt man dann so ein Fluidum auf der Bühne, ein Wohlgefühl. Das kannste nicht haben, wenn du auf 'ner Parkbank sitzt. Auch wenn wir dann noch nachts völlig breit den Kram ins Auto laden mussten, um die Anlage im Proberaum auszuladen. Der Laden hatte so eine inspirierende Wärme. Ich bin echt dankbar für die Zeit."

Da die Zeit aber nicht stehen bleibt, wird den Betreibern die Arbeit in der Gastronomie 1991 zu viel und sie überlassen die „Oktave" ihrem Mitarbeiter Bijan Nurbakasch, der sie noch bis 2011 weiterführt.

Wir ziehen am Uni-Hauptgebäude vorbei, zur schönsten Straße Gießens.

Grüner Kranz

„Humba Täterä" und das schönste Straßenfest Gießens

Hier in der Bruchstraße treffen wir im „Grünen Kranz" an der Theke die Wirtin Gaby Prinz. Aber bevor wir uns an den Tresen hocken, besuchen wir erst mal Rosi Altensen und ihren Mann Frank Schulze, die noch oben unterm Dach ihre Wohnung haben. Rosis Großvater hat das Eckhaus 1896 bauen lassen und so kann sie einiges aus der Historie erzählen. Der Opa eröffnete damals einen Bierhandel. Im Keller wurde das Bier aus den Holzfässern in Flaschen verzapft und in die Kneipen der Gegend ausgefahren, anfangs noch per Kutsche, gezogen vom Familienpferd „Pfanny". Später steigerte sich die Pferdestärke von einer auf knapp 13, mit einem „Tempo"-Dreirad der Hamburger Firma Vidal & Sohn.

Guter Wein will gepflegt werden.

Und wenn man schon Bier im Haus hat, wird natürlich auch direkt ausgeschenkt. Ein Klo für die Kundschaft gibt es zwar noch nicht, aber der Misthaufen hinten im Hof reicht damals für diese Zwecke noch vollkommen aus. Die Weinranke, die sich heute noch um das Haus windet, hat 1906 ein italienischer Gastarbeiter, der an dem Haus werkelt, aus seiner Heimat mitgebracht und dem Hausherrn geschenkt. Später wird dann das Haus unter den beiden Söhnen aufgeteilt. Rosis Vater bekommt das Haus und gründet einen Kohlehandel. Der Onkel übernimmt die Kneipe, die so gut läuft, dass er später die „Käsekiste" am Schwanenteich eröffnet und ab Mitte der 1950er-Jahre seine Arbeit auch ganz dorthin verlegt.

Zeichnung von W. Schmelzer, die auch die Getränkekarte ziert.

„Von 1957 bis 1967 hab' ich den „Kranz" mit meinen Eltern betrieben. Wir hatten da eine Siebentagewoche. Morgens um halb neun kamen die Kutscher von der Möbelspedition Lynker, das waren die ersten Gäste, danach die Briefträger und Paketboten, die hier gefrühstückt und ihren Geschäftsabschluss gemacht haben. Später gesellten sich Rentner und Studenten dazu, die oft Skat kloppten. Ab 16 Uhr kamen die Stammgäste direkt von der Arbeit und abends gegen elf dann die Orchestermusiker vom Stadttheater, die hier ihren Absacker genommen haben. Damals war ja noch Sperrstunde und als das Ordnungsamt mal zum Kontrollieren kam, sind alle Musiker mit ihrem Bierglas und den Instrumenten im Klo verschwunden. Dummerweise haben sie sich aber wieder zu früh rausgewagt, so dass wir Bußgeld bezahlen mussten. Aber das waren damals zum Glück bloß zwei Mark. Zum Vergleich: Ein Bier hat 40 Pfennige gekostet und ein ‚Hamburger', das war ein Kräuterschnaps, ebenfalls.

An manchen Tagen ging so viel Bier weg wie heute in einer Woche. Zu den Stammgästen hat auch der Doktor Rosenkranz gehört, der saß da schon als Student am Tisch und hat seine Übungsknochen dabeigehabt und sortiert. Andere Gäste haben sich immer gern dazugesetzt und zugeschaut, was er da mit seinen Knochen alles so macht.

Und natürlich Toni Hämmerle: Seinen Faschingshit „Humba Täterä" soll er 1963 auf dem nächtlichen Heimweg aus dem ‚Kranz' komponiert und am folgenden Sonntagmorgen hier das allererste Mal vorgespielt haben. Die Gäste waren so begeistert, dass er das Lied immer und immer wieder spielen musste, und alle haben mitgesungen. Der war ja fast jeden Tag hier, seine Frau, die Christina, hat dann mal zu ihm gesagt: ‚Gell, heut' gehste aber mal net in de' Kranz.' Er hat zögernd zugestimmt, dann aber seinen Wecker auf fünf

Der Grundstein zur Traditionskneipe.

Das schöne Tiffany-Fenster stammt aus den 1980er-Jahren.

Bis auf den Herrn mit seinem Wagen und das große Schild ist die Ansicht heute noch so.

Minuten nach zwölf gestellt. Kurz nach Mitternacht kam er vorbei, weil das ja schon ein neuer Tag war. Der Toni war zwar blind, aber den Weg von der Stephanstraße hierher hat er immer problemlos gefunden."

Ab 1967 wird das Haus an die Gießener Brauerei verpachtet und die setzt als nächsten Betreiber die Familie Eck ein, gefolgt von einer Familie Müller, die etwas knapp bei Kasse ist und deshalb den eigenen Spielautomaten aufbricht. Das Staffelholz übernimmt Herr Horneff, der auch die Küche einbaut, gefolgt von Charlotte Hornung. Als sie Ende der 1970er-Jahre an einem schönen Sommertag ein paar Stühle und einen Tisch vor die Tür auf die Gasse stellt, hat sie, ohne es zu ahnen, den Grundstein für das größte und schönste Straßenfest in Gießen gelegt. Das kommt so gut an, dass das nachfolgende Pächterquartett um Martin Prendergast das Fest immer weiter ausbaut. Bald beteiligen sich die Anwohner der Bruchstraße an der Ausrichtung des Festes mit Bewirtung an aufgebauten Pavillons, Kinderbespaßung mit Clowns und Zauberern, Tombola und natürlich einer Menge Livemusik auf einer fahrbaren Bühne. Dabei sind im Laufe der mittlerweile über 35 Feste so ziemlich alle Lokalmatadoren Mittelhessens aufgetreten, von „Livercheese", den „Sophisticated Butcher Fingers" über „Bluesdoctor," bis hin zu „Schmied Loaf". Und tausende von Gießenern lassen sich die Atmosphäre in dem Ambiente mit Kopfsteinpflaster und späthistorischen Häusern nicht entgehen. Die Einnahmen von Bembel und Brause, Kuchen und Gegrilltem werden einem guten Zweck zugeführt.

1989 wird dann der „Kranz" umgebaut: Der türkis-pastellige, geschwungene Tresen aus der Nierentisch-Ära verschwindet und die

OB Mutz beim Fassanstich zum Bruchstraßenfest 1985.

Bürgermeister Schüler sticht 1995 an.

Küche muss umgebaut werden, da sie genau einen Quadratmeter zu klein für das erlaubte Mindestmaß ist. Die Theke landet dann übrigens über Umwege in der inoffiziellen Dachgeschoss-Kneipe „Blaue Laterne" in der Bleichstraße. Der Privatclub erhält seinen Namen durch eben jene Laterne, die nächtens

Die vermutlich schönste Straße der Stadt, die Bruchstraße.

Spaß beim Stammtisch 1993.

ans Fenster gestellt wird, damit Eingeweihte von der Straße aus erkennen, dass die Bewohner der WG ihre Bar geöffnet haben. Ab 2001 übernimmt dann Gaby Prinz mit ihrem Mann Siggi den „Grünen Kranz".

„Eigentlich arbeiten bei mir ja hauptsächlich Frauen, aber ich hatte auch mal einen jungen Mann hinter der Theke. Eines Morgens um fünf klingelt bei mir zu Haus das Telefon und die Polizei ist dran. Sie fragen mich, ob ich zur Identifizierung einen Namen bestätigen könne, den sie mir nannten. Der Nachname sagte mir erst mal nichts. Die Polizei meinte, dass sie jemanden in meiner Gaststätte aufgegriffen hätten. Nachdem die Rosi oben unterm Dach von unten verdächtige Geräusche gehört hat, obwohl der Laden längst zu war, hat sie bei der Polizei angerufen. Die kam gleich mit drei Autos und hat einen jungen Kerl samt Freundin auf frischer Tat ertappt, wie die beiden bei Kerzenlicht gedartet haben. Also haben sie die vermeintlichen Einbrecher gleich eingesackt. Aber als sie mir den Vornamen gesagt haben, fiel mir ein, dass es wohl nur meine Bedienung sein konnte. Der wollte nämlich dem Mädel imponieren und hat ihm erzählt, das wäre seine Kneipe. Am nächsten Tag war er so klein mit Hut und hat 'ne Schicht umsonst gearbeitet", lacht Gaby.

Aber solche Aktionen können sie nicht aus der Ruhe bringen; sie sind ja nicht neu im Gastro-Gewerbe, hatten zuvor im oberen Bermudadreieck lange Jahre die „Tenne", aber dazu später mehr an anderer Stelle. Der goldene Strahler über der Eingangstüre erinnert noch an diese Zeiten, denn der stammt aus Henrys „Pupille", die nebenan lag. Danach sind sie noch eine Weile im „Miljöh", das zuvor auch mal „Dr. Flotte" hieß und bei ihnen in „Cheers" umgetauft wird, da Gaby die Atmosphäre der gleichnamigen Serie im Kopf hat, als sie die Kneipe einrichtet.

Wir ziehen weiter, gehen über die Bleichstraße und nehmen die schmale Bahnunterführung, hoch zum „Klimbim".

Zwibbel, Klimbim und Haarlem

Hochwasser, vergessene Gäste und geklaute Weihnachtsbäume

Tief in der Gießener Kneipenszene verankert ist Heinz Mohr, der jahrelang der Wirt und somit das Gesicht des „Klimbim" ist. Die Kneipe an der Ecke Ebelstraße/Riegelpfad war ganz früher mal eine Bäckerei, dann eine Wirtschaft namens „Stadt Weilburg", später ein Lokal namens „Holzwurm", bevor es 1979 endlich zum „Klimbim" wird. Heinz führt die Kneipe von 1997 bis Anfang 2019, aber seine Gastro-Karriere startete natürlich viel früher.

Als er mit nicht mal 20 Jahren mit einer Freundin zum Jahreswechsel 1965/66 ins „Haarlem" geht und an der Tür jemand fehlt, der die Ausweise kontrolliert, springt Heinz kurzerhand ein und hat somit an Silvester gleich seinen ersten Arbeitstag. Das Haarlem ist zu dieser Zeit noch ein reiner Schüler- und Studentenladen, wo man nur mit den entsprechenden Ausweisen hineinkommt. Besitzer ist zu der Zeit der Fats-Domino-Fan und Speditionsbesitzer Helmut Hoffmann, der später auch über dem Laden den „B.C.", den Billard-Club, in den großen Raum baut, der später zum „Hardrock-Café" wird. Heinz absolviert die komplette Kneipen-Karriere vom Türsteher zur Bedienung, dann hinter der Theke und legt auch als DJ die Platten auf. Diese besorgt er sich regelmäßig bei Platten-Ruhl, damals die erste Anlaufstelle für aktuelle Musik in der Plockstraße. Als dann eines Abends ein Kollege mit der Kasse abhaut, schmeißt Heinz den Laden vorübergehend ganz alleine, und zwar bis 1969.

Auf den „Holzwurm" ...

...folgt das „Klimbim".

Ohne „Haarlem"-Clubausweis läuft gar nix.

Danach versucht er erst einmal, eine „ordentliche" Karriere zu starten und studiert BWL, parallel dazu übernimmt er die Geschäftsführung des mittlerweile ziemlich heruntergekommenen und leeren „Haarlem" vom neuen Eigentümer Wilhelm Türck. Heinz ändert erst einmal die Musikrichtung, weg von der progressiven Hippie-Mucke, hin zu Rock und Disko. „Mit dem Musikwechsel wollte ich nämlich auch gleich die ganze Drogenszene vertreiben, die sich da mittlerweile angesammelt hatte. Das hat dann auch ziemlich gut geklappt, die sind direkt ins „Scarabee" abgewandert", grinst Heinz. „Wenn draußen die Schlange schon bis über die Straße ging, bevor wir die Türen öffneten, haben wir hinter der Theke immer einen Wettkampf veranstaltet, wer am schnellsten die meisten Bierflaschen hintereinander aufkriegt, damit wir dem ganzen Ansturm überhaupt Herr werden konnten", erzählt er weiter.

Heinz im „Haarlem".

Der Eingang zum Biergarten.

Bei dem Andrang kann es dann auch manchmal vorkommen, dass nach Feierabend ein Gast vergessen wird, weil er unter eine Bank gerutscht ist und seinen Rausch ausschläft, was möglicherweise an dem Apfelkorn liegen könnte, den die Belegschaft mit je einer Flasche Korn und einer Flasche Apfelsaft selbst anrührt. Wenn der Schläfer Glück hat und Heinz' Nummer kennt, kann er ihn vom Festnetz aus anrufen. Der Wirt befreit ihn dann nach einer Weile. Oder er muss sich halt die Zeit so lange vertreiben, bis die Putzfrau am nächsten Morgen kommt.

Mehr als nur die Putzfrau, sondern die ganze Belegschaft muss ran, wenn im Herbst die Lahn wieder Hochwasser führt. Dann steigt auch in dem Keller das Grundwasser, und ein „Wasserdienst" wird eingesetzt, der die Tanzfläche mit Eimer und Schaufel von Wasser freizuhalten versucht. Irgendwann fliegt das Gerät resigniert in die Ecke, weil die Kneipe knietief unter Wasser steht. „Außerdem mussten die Jungs vom Westbrock-Kanalreinigungsdienst öfter mal anrücken, weil die Gäste das Klo als Mülleimer benutzten. Dann lief auf einmal die ganze Scheiße die Treppe runter", erinnert sich Heinz.

Manche Gäste haben es sowieso faustdick hinter den Ohren. Einmal räumen sie kurz vor Weihnachten die gesamten Tannenbäume ab, die zur festlichen Einstimmung das Karstadt-Vordach schmücken, und schleppen diese ins „Haarlem", das daraufhin kurzfristig zum vorweihnachtlichen Wald mutiert. „Das war wohl als Dank dafür, dass der Laden als erster überhaupt in Gießen zu Weihnachten geöffnet hat. Damals war ja noch Tanzverbot an Weihnachten. Da kam man nur per Klopfzeichen in den Laden, wo dann die Party abging", erzählt Heinz.

Heinz in der „Zwibbel".

Der „Zwibbel" Biergarten.

Faschingsbetrieb in der „Zwibbel".

Das alte Kneipenschild.

Nach Abschluss seines Studiums wird er auch noch Geschäftsführer vom „B.C." und vom „Scarabee". Als der Kneipenbesitzer Steinbach, der auch das „Belle Epoque", den „Bierbrunnen", das „Ascot" und die „Zwibbel" führt, tödlich verunglückt, übernimmt der damalige „Käsekiste"-Inhaber Wolfgang Hofmann letzteren Laden und macht Heinz ab April 1979 zum Geschäftsführer. „Der „Zwibbel"-Biergarten lief damals super, das war ein richtiger Kirmesbetrieb, sogar der HR war mal da und hat darüber berichtet", so Heinz. „Besonders, als wir dann von Schneider Weisse das dunkle Hefe, dass es hier in der Gegend nicht gab, angeboten haben. Wir haben es mit 'nem Lastzug direkt in den Biergarten liefern lassen, bis es der hiesige Großhändler moniert hat."

Aber es gibt auch einige Spezialisten unter den Gästen. „Der Jeppe, bevor die Bahn ihm erlaubt hat, die Unterführung in der Ludwigstraße zu bemalen, war auch da schon ordentlich mit Farbe unterwegs. Er hat mit weißer Farbe auf die Autos, die in der Ludwigstraße standen, ‚PARKVERBOT' geschrieben. Und nachdem er in der ‚Zwibbel' Flaschen an der Wand zerdeppert hatte und nackt auf der Theke 'rumsprang, hab' ich ihn dann irgendwann rausgeschmissen. Am nächsten Tag hat er quer über die Ludwigstraße in fetten Lettern ‚HEINZ UNFAIR' gepinselt. Ab meiner ‚Klimbim'-Zeit ist der dann auch etwas ruhiger geworden", lacht Heinz. „Schlimmer war es da schon, als die Typen von der Wetzlarer Rockergang in die ‚Zwibbel' einfielen, sich mit den Gästen geprügelt und den Laden in 'ner Viertelstunde auseinandergenommen haben."

Jeppe bei der Stadtverschönerung.

1996 hat Heinz erst mal die Nase voll und wandert Richtung USA aus – nach Florida, um dort ein Restaurant zu eröffnen. Er hält es dort aber nicht lange aus. „Da waren mir zu viele Autos. Überall gab es Autohäuser, aber die Straßen hatten nicht mal Bürgersteige.", erzählt er. Als er nach sieben Monaten wieder zurückkommt, fragt ihn Mahmud Hashash, der auch das „Red Brick" betreibt, ob er nicht das „Klimbim" übernehmen will. Anfangs hat Heinz noch einige Jobs nebenbei, um über die Runden zu kommen. Aber die rustikale Eckkneipe, in der sich im Lauf der Jahre so viele skurrile und spannende Objekte unter der Decke und an den Wänden angesammelt haben, dass man sie auch mit einem Antiquitätenladen verwechseln könnte, wird zur festen Größe, nicht nur für Raucher, die die rustikalen Balken nach und nach dunkel „gebeizt" haben.

Und der alte „Klimbim"-Werbespruch „Hier haben die Schoppen noch Kronen" zählt heute noch. „Einmal hat ein Gast hier ein Bananenweizen bestellt. Wir haben ihm dann ein Weizenbier und eine Banane serviert", lacht Heinz.

Von einer Institution geht es in die nächste, nur ein paar Meter die Ebelstraße hinauf.

Heinz im „Klimbim".

Im „Klimbim" kann man sich an der Deko nicht müde gucken.

Heike und Rüdiger im oberen Teil des „Klimbim".

Bonaparte

Von Strippern, schrägen Gästen und einem unerschütterlichen Wirt

Heute kann man kaum noch erahnen, dass in dem weißen, klassizistischen Wohnhaus von 1896 an der Ecke Liebigstraße/Ebelstraße einmal ein Herrenlokal etabliert war, welches man weit über die Stadtgrenzen hinaus kannte. Der Betreiber, Martin Kalbfleisch, lebt auch heute noch dort und erzählt gerne von den früheren Zeiten. 1970 öffneten sich die Pforten des „Bonaparte" und Martin betont stets: „Das Bonaparte war zwar ein Herrenlokal, aber Frauen waren dort auch willkommen. Doch nicht jeder Mann ist ein Herr und nicht jede Frau eine Dame." Als Lokal für ein größtenteils schwules Publikum muss sich der Betreiber damals auch mit intoleranten Gästen auseinandersetzen, wodurch er in jüngeren Jahren auch als „die schwule Kampfmaschine" bekannt war: „Ich war in den 1960er-Jahren mit Freunden mal im ‚Mainzer Rad' in der Plockstraße. Da höre ich, wie einer sagt: ‚Guck e'mal, die Schwulis komme'". Den hab' ich mir gleich am Kragen geschnappt und gefragt, wen er denn damit meint. Da zeigt der auf ein Mädel aus der Gruppe und meint: ‚Ei, ich mein' doch die da!' Da pack' ich ihn mir erst richtig und sag': ‚Das ist ja noch schlimmer, das ist nämlich eine Freundin von mir!'"

Auch als Martin die Konzession auf dem Amt beantragt, bekommt er argwöhnisch zu hören: „Uns ist zu Ohren gekommen, dass sie hier ein englisches Herrenlokal eröffnen wollen." Worauf er nur meint: „Nein, ein deutsches Herrenlokal." Und damit erfüllt er sich dann einen Traum. „Als junger Mensch war ich berufsmäßig als Textilkaufmann viel auf internationalen Messen unterwegs. In Paris, in Amsterdam und in München in der ‚Grünen Gans'. Dadurch hatte ich den Kontakt zu vielen Künstlern und holte mir dort viele Ideen. In den 1950er- und 1960er-Jahren war ich in Bad Homburg und Wiesbaden, wo es gepflegte Herrenlokale gab, in denen Benimm angesagt war. So etwas wollte ich auch haben – einen Laden, der tolerant und offen für alle ist, für alle Geschlechter und alle Schichten."

„Bonaparte"-Betreiber Martin Kalbfleisch in jungen Jahren.

Entspannte Atmosphäre mit allerlei Prominenz an den Wänden.

Stylishes Publikum in den 1970ern.

Blick hinter die Theke.

Und so entsteht im elterlichen Haus, wo zuvor noch ein familiär geführtes Lebensmittelgeschäft und eine Kaffeerösterei waren, die bei geöffneten Fenstern die ganze Liebigstraße mit Kaffeeduft verwöhnte, sein Herzensprojekt. Ein Ambiente irgendwo zwischen englischem Club und plüschigem Wohnzimmer, mit Lampen, die er aus Amsterdam importieren lässt und Spiegeln, die aus Rom kommen. Das ganze Interieur ist in Martins Lieblingsfarbe Grün gehalten. Über eine Treppe geht es hoch zur Tanzfläche und hinter der Theke steht eine Spirituosenauswahl, die mit über 170 Sorten kaum einen Wunsch offenlässt, wobei Martin feststellt: „Das Gießener Publikum war eher für einfache Drinks zu haben. Ich hab' mal den Barmixer aus dem Frankfurter Hof oder aus dem Woodland-Club engagiert, aber das kam nur überschaubar an.

Einmal kam ein Geschäftsmann im teuren Zwirn und Budapestern, der schon gleich ziemlich großspurig auftrat. Er wollte wissen, ob es bei mir Champagner gäbe und dass er nur vom teuersten, nämlich Röderer Cristal, haben will. Dabei wedelt er mit ein paar großen Scheinen herum und fragt mich, ob ich überhaupt wechseln könne. Als sich kurz drauf ein paar junge Leute an die Theke setzen und Cola bestellen, schaut der Mann zu denen rüber und sagt: ‚Ach, bringen sie noch

Martin mit Gästen und Künstlern.

Und immer wieder große Show, ob mit Feuerschlucker ...

'ne Flasche für die Pissbubis da.' Ich lass' mir daraufhin den Champagner im Voraus bezahlen, lass' die Korken knallen und schütte den Inhalt vor seinen Augen direkt in den Ausguss. Der Typ schreit entsetzt, was mir einfällt, da sag' ich zu ihm: ‚Was Sie hier Pissbubis nennen, sind meine Stammgäste von morgen. Daraufhin ist er erbost abgehauen."

Doch der plüschige Laden mit dem charmant-resoluten Hausherren zieht selbst Publikum aus dem fernen Frankfurt nach Gießen. „Aber wer sich nicht benimmt, fliegt gleich raus. Oder er wird nach seiner ‚Clubkarte' gefragt, die es gar nicht gibt. Wer das nicht wusste und eine Karte haben wollte, dem hab' ich erzählt, dass er dafür sieben Bürgen braucht", grinst Martin. „Ich hab' immer gesagt, ich bin hier der Dirigent. Wenn sich da welche zum Bumsen auf's Klo verdrücken wollten, hab' ich gesagt, das hier ist kein Puff, sonst würde das Bier nämlich 25 Euro kosten."

Das heißt aber natürlich nicht, dass es im „Bonaparte" spießig zugeht. Der erste männliche Stripper in der Stadt kommt aus Hamburg und hat Anfang der 1980er-Jahre natürlich seinen Auftritt. Und auch Prominenz besucht die Bar, wie das Travestie-Duo „Mary und Gordy" oder die „Jacob-Sisters". Sogar einer der letzten großen UFA-Stars, die Diseuse Evelyn Künneke, trat bei Martin auf. „Die wollte für ihren Auftritt unbedingt einen Punktstrahler mit 10 000 Watt. Die Wände des Bonaparte würden dabei leuchtend weiß werden statt grün, hab' ich gesagt, aber Evelyn bestand darauf", so Martin. „Und dann war da noch dieser Typ aus Steinbach, der mit einem schwarzen Puma auftauchte, und einen Schlangenbeschwörer hatten wir auch, da war das Publikum dann aber ziemlich eingeschüchtert."

... oder Travestie.

Der schillernde Laden zieht auch immer wieder mal ein paar schrägere Gestalten an, wie Martin weiß: „Um zwölf Uhr kam eine Weile lang immer einer, der hatte eine Sonnenbrille auf und setzte sich mitten an den Tresen. Ich hab' ihm gesagt, dass die Sonne schon lange nicht mehr scheint und dass ich der Martin bin. Darauf sagte er zu mir: ‚Ich bin inkognito, aber sie sollten mal mein Schlösschen sehen.' Da hab' ich gesagt: ‚Na, Herr Inkognito, darauf trinken wir mal.' Das wollte er aber erst, wenn ich mir sein Schlösschen anschaue. Also bin ich dann mal nach Feierabend mit ihm in sein Dorf per Taxi gefahren. Bei einem Häuschen sprang er dann über den Zaun, tanzte wie wild durch den Garten und sang „Das ist mein Schlösschen!" – der war total durchgeknallt und hüpfte da herum wie so ein Karfunkelmann. Als wir dann endlich hineingingen, hatte er dort eine lange Tafel aufgebaut, an deren jeweiliges Ende wir uns setzten. Irgendwann stellte sich heraus, dass er wohl im echten Leben Koch war. Er durfte später auch mal im ‚Bonaparte' die Teller mit Häppchen anrichten. Aber nachdem die Gäste bei den Knabberschalen anfingen, das Gesicht zu verziehen, hab' ich das schnell wieder unterbunden. Der hat doch tatsächlich die Chips mit Tabasco nachgewürzt, um bei den Getränken den Umsatz zu steigern!", erzählt Martin.

Hinter der Theke sind bald Ali und Dimi die unverzichtbaren Mitarbeiter: „Ich wollte immer nette und gutaussehende Jungs in meinem Team", so Martin. Ali, der heute noch Martin zur Seite steht, kehrt Frankfurt den Rücken, wo es ihm zu stressig wird, in einem Club zu arbeiten. „Dort hatte man jeden Abend Dealer und Schnorrer, andauernd Pöbeleien und Leute, die die Automaten kaputtschlugen, da bin ich doch lieber ins beschauliche Gießen gekommen", sagt Ali. Dass Gießen aber doch nicht so beschaulich ist, zeigt sich, als Martin 2003 in seinem Laden von zwei maskierten Männern überfallen wird, die ihm direkt mit der Faust ins Gesicht schlagen. Als er zum Telefon greift, wird er mit dem Kabel gewürgt. Er liefert sich mit den Räubern einen bald zweistündigen Kampf und bricht später auf dem Weg hoch zur Wohnung ohnmächtig zusammen. Der Arzt, der den damals fast Siebzigjährigen behandelt, attestiert ihm zwar „Nerven wie Drahtseile", aber letztlich sind diese Geschichte und ein Schlaganfall für Martin der Auslöser, seine Gastronomenkarriere zu beenden.

Dimi und Ali, das charmante Thekenteam in den letzten Jahren.

Brezel

Proteste, Klimaanlage und Erichs Rache

Zurück im Riegelpfad liegt nur ein paar Meter neben dem „Klimbim" die „Brezel". Von der Anfangszeit weiß Arno Baumgärtl einiges zu berichten: „Die Brezel eröffnete um 1979 und war zwischen 1981 und 1985 die angesagteste, neben der ‚Zwibbel' und deren Biergarten die am besten laufende Kneipe der Stadt. Viele aus der linken und undogmatischen universitären und politischen Szene trafen sich dort."

Das hatte vor allem mit einem Ereignis zu tun: Dem rechtswidrigen, nach offizieller Lesart „versehentlichen" Teilabriss einer Häuserzeile im Flutgraben 4–6. Der dort ansässige Möbelladen versuchte damals schon seit langer Zeit, die Mieter aus den Häusern hinauszuklagen, doch gab es rechtskräftige Mietverträge. „Versehentlich", so sagte der Baggerfahrer des mit dem Abriss beauftragten Unternehmens später, wurde dabei das angrenzende, aber noch bewohnte Haus so stark beschädigt, dass es kurz darauf ebenfalls abgerissen werden musste. Nach dem Abriss hatten einige Flutgraben-Bewohner nun kein Dach mehr über dem Kopf.

In den Tagen danach kam es zu heftigen Protestaktionen vor Ort und in der Stadt, die ihren Ausgangspunkt im Riegelpfad vor der „Brezel" hatten. Immer wieder gab es in den darauffolgenden Tagen Demonstrationen, Happenings mit Rockmusik oder auch ein Lagerfeuer mitten auf der Ludwigstraße. Den Höhepunkt bildete dann die berühmt-berüchtigte „Scherbennacht". Der 2. April 1981 war die gewalttätigste Nacht, die Gießen in der Nachkriegszeit bislang erlebt hat. Rund 300 Randalierer zogen durch die Stadt, warfen mit Pflastersteinen und Stahlkugeln Scheiben von Geschäften, Banken und Behörden ein und hinterließen einen Sachschaden von knapp 300 000 D-Mark.

Knapp zwei Jahre später kam es dann zu folgender Anekdote, die zwar nicht so weitreichend war, aber trotzdem arg blöd: Die „Brezel" war immer voll und für ihre stickige Luft bekannt. Eine Klimaanlage gab es hier ebenso wenig wie in den anderen Kneipen der Stadt. Eines Tages wurden dann die gebührend bespöttelten Klimageräte angeschafft. Die hingen unter der Decke und sollten die Luft herunterkühlen und dabei sogar vom Zigarettenqualm reinigen. Das entstehende Kondenswasser wurde, bevor es eine Leitung dafür gab, in einer Plastikschüssel auf der Ablage über dem Zapfkreuz gesammelt, die dann bei Kneipenschluss ausgeleert wurde. Man ahnt, was kommt! Wie üblich hatten zwei Personen Thekendienst (Tischbedienung war zu der Zeit unbekannt und wäre auch nicht durchführbar gewesen). Einer war der Inhaber selbst, der andere ein langjähriger Beschäftigter. Und wie üblich, wurden während der Arbeit großzügig Bier und Jägermeister konsumiert. Bei Feierabend zählte einer das Geld in der Kasse vor dem Zapfkreuz, während der andere nach oben stieg, um die Schüssel mit dem Kondenswasser herunterzuholen und auszuleeren.

Murphy's Law: Es passierte, was passieren musste. Der Schüsselinhalt ergoss sich in die Kasse, das Papiergeld war klatschnass. Nach kurzer Beratung kam man auf die Idee, die Geldscheine in der Mikrowelle zu trocknen. Doch als sich die Tür öffnete, war darin nur noch ein Häufchen Asche übrig, der Umsatz

Gene tanzt auf dem Tresen.

des Abends, mehrere hundert D-Mark verbrannt. An den metallischen Sicherheitsfaden in den Scheinen hatte niemand gedacht – Bier hin, Jägermeister her."

Anfang der 1990er-Jahre übernimmt dann Heinz-Jörg Sandleben zusammen mit Petra Sebald und Sabine Kuhl den Laden. Dagmar „Gene" Titsch gehört schon bald zum Theken-

Heike zählt Striche ...

... auf der „Erichs-Rache"-Party, stilecht im F.D.J. Hemd.

Erich H. und sein musikalisches Punk-Double.

team und erinnert sich: „Um den Laden zu beleben, haben wir uns immer mal Aktionen ausgedacht. Am Tag der Deutschen Einheit haben wir zum Beispiel ‚‚Erichs-Rache-Partys' veranstaltet, um die kürzlich verschiedene DDR ein bisschen ironisch zu feiern – mit alten FDJ-Klamotten, 'ner Band im passenden Kostüm und dazu noch Soljanka und den ‚Erichs-Rache-Schnaps'." Heike, die auch aus dem „Unikum" hierher abwandert, erzählt: „Das war ja kurz nach der Wende und Gießen hat durch sein Notaufnahmelager viele Ossis hier gehabt, die fanden die Nummer ziemlich lustig. Einige BRDler haben jedoch gleich mit erhobenem Zeigefinger moniert, dass wir die Grenzen des guten Geschmacks überschreiten würden. Aber wir hatten unseren Spaß." Gene fügt hinzu: „Wir hatten ja eigentlich immer um ein Uhr Sperrstunde. Ich weiß noch, als wir dann doch mal wieder länger gemacht haben und plötzlich der ehemalige Besitzer Mahmud, der über der Kneipe wohnte, runterkam, um sich über den Krach zu beschweren. Aber da man ja durch eine doppelte Tür in die Kneipe musste, hüpften alle Gäste hinter die Theke, als sie hörten, wie die erste Tür aufging. Als Mahmud reinkam, um sich über das laute Stühlerücken zu beschweren, war keiner mehr zu sehen. Während ich erzählte, dass ich hier nur noch am Aufräumen wäre, lagen alle Kerle zu meinen Füßen und haben mir dabei vermutlich noch unter den Rock geschaut", lacht sie. „Einmal hat Thilo, es war wohl zur Weihnachtszeit, Kekse mitgebracht. Auf die Warnung, doch höchstens einen zu essen, hab' ich leider nicht gehört. Das waren nämlich Haschkekse, was ich aber erst im Laufe des Abends merkte, als ich anfing, den Gästen, denen ich gerade ihr Bier hinstellte, es gleich wieder wegzunehmen, um es dann wieder hinzustellen und gleich wieder wegzunehmen. Nach der Schicht musste ich erst mal unter die kalte Dusche, um wieder klar zu werden."

Letztes Bild vorm Ausstand.

Bahndamm

Wo die Zeit konserviert wurde

Wer im Riegelpfad zum ersten Mal in den „Bahndamm" kommt, wird wohl von der ausufernden Speisekarte, die draußen an der Backsteinmauer angebracht ist, überwältigt sein. Bei näherer Betrachtung handelt es sich dann aber mehr oder weniger um hundert Variationen zum Thema Schnitzel, mal vom Jäger oder vom Wiener, mal vom Holsteiner oder vom Kutscher, mal aus Hawaii, mal mit, mal ohne Pommes oder mit Bratkartoffeln und Soßen. Dazu kommen dann noch „Glotzaugen" oder „Rollmops", also Spiegeleier oder ein gerolltes Schinken-Käse-Schnitzel.

Das alte Kneipenschild.

„Am Anfang hat nur mal jemand gesagt, er hätt' so einen Hunger auf Pommes. Da bin ich halt hoch in die Wohnung, hab' unsere Fritteuse geholt und dachte mir, das kann man ja mal anbieten. Als ich den Teller Pommes serviert hab', haben das natürlich die anderen Gäste auch gesehen und auf einmal kam es von allen Tischen: ‚Das ist ja toll, wir wollen auch was essen!' Und so kam dann eins zum anderen", erzählt Wirt Horst Gerbig. In der Kneipe hat er schon als kleiner Junge mitgeholfen. In den 1950er-Jahren hat sein Vater hauptsächlich Getränke ausgeliefert. Da ist er als Steppke immer dabei, sitzt hinten auf dem Wagen und passt auf, dass sich keiner selbst bedient und von der Ladefläche herunterklaut, während der Vater die Fässer schleppt.

Horst erinnert sich: „Wir waren in der ganzen Stadt unterwegs, den ‚Schwanen' und den ‚Onkel Otto' haben wir beliefert. Und da gab's in der Walltorstraße so eine Kneipe, das war eigentlich eher so 'ne Bretterbude, die um einen Baum herum gebaut war, und vorne war da so 'ne richtige Saloon-Tür wie aus'm Western drin. Eines Tages kam einer von den Amis auf 'nem Gaul reingeritten und hat Bier für sich und das Tier bestellt – der Gaul hat das aus 'nem Eimer gesoffen. Das ‚Cafe Sauer' bei der Gummiinsel haben wir auch beliefert. Da gab's aber alles, außer Kaffee. Ich weiß noch, wie einer aus'm Landkreis da tatsächlich mal 'nen Kaffee bestellt hat. Der wurde so ausgelacht! Den haben sie erst wieder gehen lassen, nachdem er der gesamten Kneipe eine

Runde Bier ausgegeben hat. Oder auch das ‚Domizil' in der Braugasse, das damals ja noch 'ne richtige Jazz-Kneipe war. Man kam da nur mit Anzug und Schlips rein. Ich kam problemlos überall rein, weil man mich von den Lieferfahrten her kannte. Ich erinner' mich, wie ich in der ‚Romantica Bar' 'ne Cola getrunken hab', als plötzlich ein grüner VW Käfer von der Polizei angerauscht kam und von der anderen Seite ein Jeep von der M.P. Sie haben da blitzschnell die Ami-Soldaten rausgeprügelt. Im ‚Gogo-Club' in der unteren Bahnhofstraße war ich mal mit ein paar Kumpels, aber ich hab' mich da nicht so richtig wohl gefühlt. Also bin ich an der Theke entlang nach hinten gegangen und höre plötzlich einen unglaublichen Krach. Da kam tatsächlich einer mit 'nem Maschinengewehr rein und hat die Theke zerschossen. Was der Anlass war, kam nie raus, aber ich bin wie der Blitz durch den Notausgang raus und hab mich im Lager des benachbarten Möbelhauses versteckt."

Im „Bahndamm" selbst geht es entspannter zu. Die Gaststätte gibt es bereits seit 1952, wobei Horst überlegt: „Vielleicht gab's da auch schon vorher eine Kneipe. Ich hab' mal beim Grundbuchamt nachgeschaut und herausgefunden, dass das Haus von 1905 ist und ein Laden drin war, was das aber genau für ein Laden war, lässt sich nicht feststellen. Im Krieg hat das Haus einen Streifschuss abbekommen. Als einer von den vielen Vertriebenen nach dem Krieg meinem Vater bei der Reparatur half, durfte er umsonst bei uns wohnen. Als gelernter Mechaniker wollte mein Vater ja erst Fahrräder und Mopeds bei uns reparieren, aber das hat meiner Mutter nicht gefallen – die konnte da nix mit anfangen. Ein bekannter Offizier hat ihm dann bei der Poststelle einen Job vermittelt, dort wo heute Mc Donald's ist. Dort gab es auch Gastronomie und so ist er dann in das Gewerbe reingerutscht.

Anfangs war der ‚Bahndamm' eine kleine Einraumkneipe in der es nur Getränke gab. Als mein Vater nach einem Namen für das Lokal gesucht hat, meinte ein Stammgast aus der Wilsonstraße: ‚Ei, die Kneipe liegt am Bahndamm, dann nennt sie doch einfach auch Bahndamm.' Für die Idee bekam er 'ne Kiste Bier. Zur WM 1954 hat mein Vater beschlossen, das Lokal zu erweitern und hinten den großen Saal eröffnet. Damals gab's in ganz Gießen nur wenige Fernsehgeräte, da war bei uns die Bude rammelvoll. Es gab keinen einzigen Sitzplatz, alle mussten stehen. Um dabei zu sein, musste man eine Mark Eintritt bezahlen, dazu gab's ein Bier. Die Stimmung war wie auf der Kirmes, dem einen war's zu laut, dem andern zu leise und ich bin als kleiner Steppke zwischen den Beinen der Leute rumgerannt.

Auch der Musikzug Hansa wurde hier gegründet. Der Hans Sax und der Schneider vom

Der Blick in den Gastraum.

Lahnwaschkies haben irgendwann mal moniert, dass bei uns ja gar keine Musik läuft und dann kurzerhand zu Haus die Quetschkommod' geholt und hier losgelegt. Das kam direkt so gut an, dass sie noch am selben Abend gesagt haben: ‚Komm, lass uns 'nen Verein gründen.'

Früher gab es nur etwas zu essen, wenn Schlachttag war. Wir hatten ja schon ab zehn Uhr morgens geöffnet, weil schon um ein Uhr nachts Sperrstunde war. Da waren die Studenten zeitig unterwegs und haben gefragt, ob's mal wieder was zu essen gibt." Das passt natürlich, denn Horsts Mutter Konstanze, die jahrzehntelang die ungekrönte Königin des „Bahndamms" ist und von Generationen von Studenten ehrfurchtsvoll „Mutter Gerbig" oder „Schnitzel-Oma" genannt wird, ist gelernte Kaltmamsell, weiß also, wie man mit kalten Speisen und Buffets umgeht. Dass die gebürtige Bonnerin überhaupt in Gießen hängen bleibt, ist dem Zufall und dem Krieg geschuldet.

Als sie 1944 am hiesigen Bahnhof umsteigen will, ist Fliegeralarm und sie muss schleunigst in den nächsten Bunker. Später stößt sie auf der Straße mit einem Soldaten, der gerade aus Afrika kommt, zusammen – es ist die berühmte Liebe auf den ersten Blick. Als später das Haus bombardiert und ihr Mann vermisst wird, wandert sie zu Fuß den ganzen Weg bis in die alte Heimat Bonn, da in Gießen der Poppe-Bunker, der bald darauf in Schutt und Asche gelegt wird, schon komplett belegt war. Doch eines Tages steht ihr Wilhelm, gänzlich abgemagert, vor ihrem Haus, um sie wieder abzuholen.

Später dann, als der Bahndamm schon längst etabliert ist, hilft Horst schon als Kind in der Küche mit und lernt dann auch den passenden Beruf, nämlich Koch. Der Job bringt ihn in die weite Welt, denn er kommt beim „Robinson-Club" und bei „Club Med" unter, arbeitet in Spanien, Griechenland oder Tunesien. Als er nach einer Schulung auch an der Elfenbeinküste arbeiten soll, verträgt er die Impfung nicht, ihm ist kotzübel, und er fährt erst mal nach Hause, um sich auszukurieren. In Gießen lernt er dann Ingrid, seine spätere Frau, kennen. Ganz wie bei seiner Mutter damals ist es Liebe auf den ersten Blick, und er bleibt in Gießen. „Da mein Vater einen Schlaganfall hatte, hab' ich gesagt, ich werd' vorübergehend mal aushelfen. Man sieht ja, was aus dem ‚vorübergehend' geworden ist", lacht Horst.

Wirt Horst Gerbig an der Zapfanlage.

So unterstützen die beiden Mutter Konstanze, die für ihre resolute Art und die passenden Sprüche bekannt ist. Wenn es mal etwas länger dauert, da in der kleinen Küche nur zwei Schnitzel Platz in der Pfanne haben und der Gast die Chuzpe besitzt, nachzufragen, wann denn die Bestellung kommt, erntet er meist ein: „Ei, ich hab' nur zwei Händ', hätt' ich drei, wär ich beim Zirkus!" Als ein schüchternes Pärchen eines Abends eintritt und nach einem

Der Comiczeichner-Stammtisch von „The Kainsmal", Anfang der 90er.

Lokalkolorit in dem Comic „Die Schönheit des Scheiterns" von Andreas Eikenroth.

freien Tisch für ein romantisches erstes Date schaut, kommt direkt die Anweisung: „Setzt euch da noch an den Tisch dazu oder geht. Hier kann net jeder einen Tisch haben." Und wer seinen Teller nicht ordentlich leergegessen hat, kann auch mit einer Abfuhr rechnen.

Ob Bundespräsident Frank-Walter Steinmeier auch schon mal eine Ansage erhielt, ist dabei nicht vollends geklärt, aber dass er hier während seiner Gießener Studentenzeit oft zu Gast war, schon. Ebenso wie der ehemalige hessische Ministerpräsident Volker Bouffier, der hier mit seinen MTV-Basketballern manchen Sieg feierte, oder der thüringische Ministerpräsident Ramelow, der nach Feierabend während seiner kaufmännischen Ausbildung im Karstadt immer wieder mal zum Essen kam. Dass dabei der rustikale Ton bei den meisten gut ankommt, sieht man auch an der Liste der Stammtische und Stammgäste, die dem Bahndamm die Treue halten. Auch die Gruppe der „Kaismal"-Zeichner, des Gießener Comicmagazins, welches in den 1990er-Jahren in allen Kneipen und Cafés ausliegt, trifft sich zu der Zeit hier zum Zeichnen und Trinken. Manche Anekdoten werden direkt auf's Papier gebracht und sind dann in der nächsten Ausgabe zu bewundern. Dede, einer der Stammgäste, der regelmäßig im Raucherkabuff sitzt, wo Doppelkopf und Skat gezockt wird, meint: „Der ‚Bahndamm' ist für mich wie ein alter Lieblingssong, den man sich immer wieder gern anhört."

Und tatsächlich, wenn man durch die Hofeinfahrt kommt und die paar Stufen in den Gastraum hinaufgeht, hat man das Gefühl, dass hier die Zeit konserviert wurde – in den holzvertäfelten Wänden, in den Resopaltischen oder in der heimeligen Nische im großen Raum. „Anfang der 1980er-Jahre wollte ich eigentlich mal das ganze Lokal umbauen und modernisieren lassen, den Saal vielleicht ganz anders mit einbeziehen. Die Leute von der Licher Brauerei waren sogar schon mit einem Architekten da. Der hat mich dann aber zur Seite genommen und gefragt, ob ich von der Kneipe leben kann, so wie sie jetzt ist. ‚Klar', hab' ich gesagt, der Fassbierumsatz ist großartig. Da meinte der Architekt, ich soll das alles lieber lassen, wie's ist. Er hätt' schon auf Geheiß von oben so viele gut gehende Kneipen umgebaut, die danach nicht mehr liefen. Ja, da hab' ich das dann auch lieber gelassen. Und wenn ich mich so umguck', kann ich so viele falsche Fehler net gemacht haben", erzählt Horst augenzwinkernd.

Wir gehen den Riegelpfad weiter, über die Ludwigstraße hinweg, wo schon seit 1962 das Nachtleben glüht.

Scarabee

Udo, Marius, Otto und ein Bankräuber

1962 ist das Jahr, in dem die Beatles ihre erste Single aufnehmen und die Rolling Stones ihren ersten Auftritt haben. Und es ist das Jahr, wo in Gießen das „Scarabee" seine Pforten öffnet. Dort, im Riegelpfad, direkt an den Bahngleisen, ist der Keller anfänglich ein Studentenlokal, welches der Ägypter Osman Abousteit pachtet und mit orientalischem Flair samt Sitzkissen und Hieroglyphen einrichtet. Im Lauf der Zeit mausert sich der Laden zur Kellerdisco, in der die Musik ordentlich laut rockt und der Äbbelwoi gerne in der handlichen Literflasche gereicht wird. Auf der Tanzfläche wird es schnell voll und heiß, da können die Tänzer große Erfrischungen gut gebrauchen.

Das wechselnde Musikprogramm und das Publikum sind nach wie vor bunt geblieben. Auch einige Prominenz hat sich über die Jahre schon dort blicken lassen, beispielsweise die ehemaligen WG-Kumpels Udo Lindenberg, Marius Müller-Westernhagen und Otto Waalkes oder auch der Gentleman-Bankräuber Rainer Laux, der als „Zorro" bekannt wurde. Ursprünglich will er eigentlich bloß seiner WG aus finanziellen Nöten helfen, am Schluss werden dann aber dreizehn Banküberfälle daraus. Nach seiner Haft erzählt er in zwei Bestsellern von seinen Abenteuern, seine Verhaftung soll durch eine Diffamierung aus dem inneren Zirkel des Scarabees gekommen sein.

Und dann gibt es natürlich noch das „Unternehmen Güterzug", den legendären Polizeieinsatz von 1973, als aus 12 Güterwagons 240 Polizisten springen, um

Der alte „Scara"-Schriftzug.

Heikes ägyptische Wandmalereien.

Das legendäre Polizeiaufgebot bei der Razzia.

Der trojanische Zug.

dem vermeintlichen Drogenparadies den Garaus zu machen, da sie durch den Zug direkt vor die Eingangstür des Scarabees transportiert werden und so den Überraschungsmoment auf ihrer Seite haben. Geleitet wird der Einsatz von Dieter Schenk, der später seine beruflichen Erinnerungen in die von ihm entwickelte Fernsehserie „SOKO 5113" einfließen lässt. Auf ein Pfeifsignal hin stürzen die Beamten aus den Wagons und schnappen sich knapp hundert junge Leute, darunter auch eine Menge Amerikaner, um sie festzunehmen und zu überprüfen. Dabei werden einige Dealer geschnappt, etliche Drogen in den unterschiedlichsten Wirkungsgraden konfisziert und zwei Pistolen sichergestellt.

Das schmale Essiggässchen, welches unter den Gleisen entlangführt und deshalb bald darauf auf Dauer zugemauert wird, ist für viele der Fluchtweg. Damit es künftig im „Scara" nicht mehr allzu hoch her geht, werden später öfter Türsteher eingesetzt, um das Geschehen im Zaum zu halten. Rainer Wosch, damals in der Gießener Rockerszene unterwegs und Präsident von den „Pegasus", steht Mitte der 1980er-Jahre an der Tür und erinnert sich: „Die Motorradgang ist schon in jungen Jahren aus der Radfahrerszene rund um die Dürerstraße heraus entstanden. Bald darauf wurden schon die ersten Mofas und Mopeds frisiert. Im ‚Dutte Louis' im Wiesecker Weg hatten wir unseren Stammtisch und hinten im Garten war unsre Clubhütte. Der Laden war ja zweigeteilt und immer, wenn du vorne rein bist, hat gleich der Beo, der dort auch gewohnt hat, fürchterlich Randale gemacht.

Olga, die Wirtin, hatte später auch die Dartkneipe ‚501'. Die war zwar nur knapp einen Meter fünf groß, mit Absatzschuhen vielleicht einen Meter fünfunddreißig, aber wenn die dir gesagt hat, dass du dein Auto stehen lässt, dann hast du das auch stehen gelassen.

Die Eckkneipe an der Südanlage, das ‚Picknick', hat später 'ne Freundin von mir mit zwei anderen Mädels geführt. Deshalb hieß der Laden dann ‚3D', wegen drei Damen. Da hat man dann gerne mal mit der Bedienung hinten unter der Dunstabzugshaube ‚Sportzigaretten' geraucht. Ich war ja schon ordentlich in den Kneipen unterwegs. War also kein Wunder, dass mich der Graumüller, der damals das ‚Scara' hatte, mal im ‚Trichter' gefragt hat, ob ich nicht mit meinem Club die Tür im ‚Scarabee' machen will, weil es da doch ab und an Ärger gab. Aber eigentlich war das ein ziemlich leichter Job, meine Präsenz hat oft genügt. Stressigen Leuten den Einlass zu verwehren war kein Problem, sondern eher die Leute, wenn Sperrstunde war, aus dem Laden herauszubekommen. Wenn die besoffen in 'ner Gruppe unterwegs waren, wurden die manchmal etwas sperrig und wollten sich aufspielen, sich vor ihren Kumpels und den Mädels beweisen. Da hab' ich mir dann den jeweiligen Anführer gepackt und ihm gesagt, dass wir da jetzt beide unser Gesicht wahren können, wenn er einfach den Abflug macht. Ansonsten würde ich ihm nämlich das Gesicht 'runterziehen. Das hat dann meist gereicht."

In den 1980er-Jahren ist das „Scara" auch für Heike Preuss das zweite Wohnzimmer. Und da Heike wunderbar mit Farbe umgehen kann, bietet ihr Michael Graumüller an, die Gewölbewände zu streichen. „Ich war eigentlich sieben Tage die Woche im ‚Scara'. Wenn um ein Uhr offiziell Schluss war, ging die Party nochmal richtig los. Der Graumüller war ja schon ein schräger Typ, der kannte auch einige Prostituierte, die dann nachts auf der Tanzfläche strippten. Als ich die Wände bemalen sollte, hat er mich gefragt, was ich dafür haben will. Wahlweise tausend Mark oder freie Getränke auf Lebenszeit. Ich hab' mich für die Getränke entschieden. Das war dann aber leider doch die falsche Entscheidung, denn seit Mitte der 1990er-Jahre haben die Besitzer dann immer wieder gewechselt", erinnert sich Heike.

Wir wechseln auch, und zwar in der Frankfurter Straße die Straßenseite und kommen zum „Sowieso".

Rainers Mopped-Gang.

Sowieso

Rotwein, Baguette und noch 'ne Razzia

In der Frankfurter Straße fällt dem Passanten, wenn er mal wieder an der gefühlt ewig geschlossenen Schranke steht, bestimmt sofort die markante Tür im Untergeschoss des Liebig-Hotels ins Auge. Dort kommt man durch ein mannshohes Fass in die Kellerkneipe „Sowieso", welche Britta Prell Ende der 1980er-Jahre übernommen hat. Sie ist dort auch heute noch hinter dem langen, gewundenen Tresen zu finden. Britta Prell ist auch so ein Kneipen-Urgestein, denn bevor sie das „Sowieso" übernahm, hat sie schon in den 1970er-Jahren in der „Pupille" bei Henry gekellnert. „,Sir Heinrich' haben wir den immer genannt. Er hatte sich aus dem Theaterfundus das passende Kostüm organisiert und regierte dann vom Zapfhahn aus wie ein König. Wenn es arg spät wurde, haben wir immer ‚In a Gadda da Vida' von ‚Iron Butterfly' aufgelegt. Die Nummer dauerte über 'ne Viertelstunde lang, da musste man die Platte nicht mehr so oft umdrehen", erinnert sie sich. Danach landete Britta im „Hardrock Café" bei Klaus Göttmann, der auch im „Scarabee" Geschäftsführer war. Zuvor arbeitet sie tagsüber an der Uni als landwirtschaftlich-technische Assistentin. „Aber irgendwann bin ich komplett von der Milchwirtschaft in die Bierwirtschaft gerutscht", lacht Britta.

Aber auch die Kneipe selbst hat eine Evolution hinter sich. Der Fass-Eingang stammt noch

Das das „Sowieso" mal „Im Fass" hieß, lässt sich nicht verleugnen.

Alles rund und bunt im „Sowieso". Zeichnung von A.E.

„Sowieso"-Wirtin Britta.

aus jener Zeit, als der Laden ganz passend „Im Fass" hieß und ein solides Weinlokal war. Dort saß die Kundschaft in den Nischen in gemütlichen Fässern und ließ sich, ganz unhessisch, statt Äppelwoi oder Bier, einen guten Roten kredenzen. Aber in den 1960er-Jahren wurde dort dann auch gerne mal gekifft, und so kam es, dass sich die legendäre Razzia-Aktion aus dem „Scarabee" einige Monate später noch mal eine Nummer kleiner hier wiederholte. Dieter erinnert sich: „Die Polizei hatte da einen, wie ich es nannte, ‚trojanischen Stadtbus' eingesetzt. Der hielt vorm Fass und rund zwanzig Beamte stürmten den Laden. Alle, die was zu kiffen dabeihatten, ließen das Zeug ganz schnell in den Spundlöchern der Fässer verschwinden. Ich kann mir vorstellen, dass diejenigen, die die Fässer später bei der Renovierung rausgerissen haben, bestimmt den ein oder anderen interessanten Fund gemacht haben."

Das alte Kneipenschild.

Aber es ging natürlich nicht nur ums Kiffen, Gunter Klug, damals Stammgast, erinnert sich: „Nachdem ich 1976 in die Alicenstraße umzog, war die nächstgelegene angenehme Kneipe das ‚Faß' in der Frankfurter Straße. Der Pächter damals, Konny Bauer, war ein begeisterter Doppelkopfspieler, womit er bei mir und einem WG-Mitbewohner auf offene Ohren stieß. Das führte dann bald dazu, dass wir stundenlange Doppelkopfsitzungen absolvierten, die schon während der Öffnungszeiten anfingen.

Mancher Gast musste zu seinem Leidwesen ein wenig Geduld aufbringen, um sein frisch Gezapftes zu erhalten. Die anderen drei Mitspieler mussten ebenso geduldig warten, bis Konny wieder Zeit für sein Blatt hatte. Wenn die Sperrstunde begann, wurde die Tür verriegelt und dann konnte endlich ungestört drauflos gezockt werden. Gegen zwei Uhr bollerte es häufig an der Tür und Horst Hagmann, der damalige Wirt des ‚Crednerkellers' von gegenüber, ein ebenso passionierter Doppelkopfspieler, gesellte sich zu uns. Ans Nachhausegehen konnten wir dann völlig übermüdet und mit Augenringen oft erst nach Sonnenaufgang denken."

Der Gewölbekeller sieht zwar aus, als hätte er die Jahrhunderte überdauert, ist aber erst nach dem Krieg „auf alt" gemacht worden. In den 1960er-Jahren waren auch im Innenraum mehrere Separees. Die Nischen lassen sich auch heute noch in dem Tonnengewölbe erahnen, die der Wirtschaft die besondere Optik geben. Jahrzehntelang ist auch die Regalwand mit den kleinen Schnapsfläschchen aus aller Welt ein Blickfang. Anfangs stammen die Kurzen aus Brittas Privatsammlung, aber irgendwann fangen die Gäste an, aus ihren Urlauben Souvenirs mitzubringen, sodass sich dort auf den schmalen Brettern bald über fünfhundert Proben aus aller Welt ansammeln. Doch da es außer den netten Gästen auch die angetrunkenen Nimmersatten gibt, werden die Fläschchen nach und nach auch wieder vernichtet und klammheimlich wieder zurückgestellt oder gleich unter dem Tisch entsorgt.

Postkarte aus „Fass"-Zeiten.

Da gab es noch die legendäre Schnapswand.

Kurz nachdem Britta von der Geschäftsführerin zur Pächterin wechselt, startet die Fußballweltmeisterschaft 1990 und wie heute jeder weiß, hat Deutschland gewonnen. Das kann Britta damals natürlich noch nicht wissen und verspricht zu Beginn des Halbfinales Deutschland-England für jedes deutsche Tor ein Freibier. „Ich konnt' ja net ahnen, dass die gleich fünf Tore schießen!", weiß Britta heute. Das spricht sich rasch herum und das „Sowieso" wird ein Magnet für Punks und Fußballfans. Dass Britta selber fußballbegeistert ist, und zwar aktiv und passiv, kann man im „Sowieso" kaum übersehen. Über der Theke hängen Fan-Schals von unzähligen Vereinen einträchtig nebeneinander, auch wenn Britta eingeschworener St.-Pauli-Fan ist. Und von der Wand grüßt ein großes Plakat samt Autogramm vom Weltmeister-Kicker Uwe Bein, der gegen Ende seiner Karriere noch eine Saison lang beim Gießener MTV spielt. Die Wirtin selber mischt in einigen Vereinen mit, steht beim VFB im Tor, bei der „Bunten Liga" und bei den Klein-Lindener Frauen.

Bloß einen Kicker gibt es im „Sowieso" nicht mehr. Wo dieser noch in den 1970er-Jahren stand, ist schon lange die Küche, wo die legendären überbackenen Baguettes zubereitet werden. Die haben einen so großen Zuspruch, dass in der Zeit, als nebenan das „Baba Yaga", die Nachfolge-Kellerdisco des „et cetera", sich durch eine Klappe in der Wand gleich noch seine Gäste mitversorgen lässt. Das sorgt in der Küche für ordentlich Arbeit. Die Idee zu den Leckerbissen hatte sich Britta in der „Klamotte", einer Kneipe in der Liebigstraße, abgeschaut und perfektioniert. Wer auf seinem Zettel seine Wunschzutaten eingetragen hat, kann sich schon bald selbst davon überzeugen, sofern er sich nicht gleich beim ersten Bissen den Gaumen am heißen Käse verbrennt. Jedenfalls kann man den Zuspruch der Gäste schon daran erkennen, dass, als es 2007 darum geht, ob das „Sowieso" eine Raucherkneipe bleiben soll oder ob die Küche weiterhin Baguettes zubereitet, die Zustimmung für das zweite um einiges überwog, sodass die Raucher nun eben vor die Türe gehen, während drinnen weiter gezapft wird.

Nicht ganz so überregionale Hits sind die speziellen Cocktails, die zu fortgeschrittener Stunde gerne mal ziemlich experimentell werden. Beispielsweise wird Fernet Branca mit Curaçao und Eierlikör wegen seiner schlierigen Farbgebung als „Brain" unter die Gäste gebracht. Ganz hardrockig gibt es dem „Motörheadbanger" mit Wodka, Southern Comfort, Wodka, Korn, und, eher rockuntypisch, Eierlikör und Sahnehäubchen. „Das war der Frühstücksdrink von Lemmy", lacht die Wirtin. Und beim „Blauen Knaller" versammeln sich Wodka, Southern Comfort, Tequila, Wodka, Altbier, Curaçao und Orangensaft im Glas. Wer sich als Gast daran wagt, stellt Britta meist die Frage, warum die Mischung eigentlich „Blauer Knaller" heißt. Brittas lakonische Antwort ist dann meist bloß: „Wart's einfach ab." Irgendwann werden dann aber die Cocktail-Experimente von der Karte gestrichen, da sie für die meisten Gäste doch ein bisschen zu experimentell sind und somit letztendlich die Belegschaft selber die Mischungen trinken muss. Aber dafür wird ab und an ein richtiger Barkeeper als Cocktail-Mixer engagiert, der auf der Empore unter dem Wandbild mit der Kinderzeichnung aus dem Rühmann-Krimi „Es geschah am helllichten Tag" seine Theke aufbaut.

Auf dieser Empore bürgert es sich dann auch irgendwann ein, dass am zweiten Weihnachtsfeiertag im „Sowieso" live gerockt wird. Wenn Stammgäste und Weggezogene, die über die Feiertage ihre Gießener Familien besuchen, langsam der Besinnlichkeit überdrüssig werden, können sie hier wieder alte Bande knüpfen und etwas rustikaler beim Gezapften feiern. Dabei fängt das ganz harmlos an, als eine Teenager-Band von der nahegelegenen Bonifatius-Gemeinde, die sich „Lazy Larry" nannten, anfragen, ob sie mal spielen dürfen und beweisen, dass sich auf der kleinen Empore eine komplette Band versammeln und auch noch rocken kann. Und da der Weihnachts-Rock beim Publikum so gut ankommt, spielten auf der Minibühne auch bald überregional bekannte Punkbands wie „Dackelblut" und die „Boxhamsters" und immer wieder die Lokalmatadoren von den „Arnolds". Der Ruf als (Punk-)Rock-Kneipe zieht dann auch einige der ganz Großen an Brittas Kellertheke, wenn sie zuvor einen Auftritt in der Stadt haben. So trinken hier die Puhdys ihr Feierabendbier und auch Campino von den Toten Hosen sitzt, nachdem er aus dem „Ascot" kommt, hier auf dem Barhocker. „Am nächsten Tag bin ich erst mal hoch in den Plattenladen ‚Chamäleon' und hab' auf dem Plattencover die Gesichter abgeglichen, um zu sehen, ob der das wirklich war", erzählt Britta.

Für die „normalen" Gäste ist das „Sowieso" in den 1980er-Jahren auch der Treff- und Sammelpunkt, um von hier aus zur Diskothek „Ausweg" am Stadtrand hochzutrampen. Stammgast Eike erinnert sich: „Nach ein paar Bieren zum Aufwärmen haben wir uns dann draußen an die Bushaltestelle gestellt und den Daumen rausgehalten. Wenn keiner hielt, gingen wir langsam los, an der Tankstelle vorbei

Ulf, Hank und H.G. vor dem „Es-geschah-am-hellichten-Tag"-Gemälde.

und holten 'ne Runde Kümmerling. Wenn dann immer noch keiner hielt, gab es unterwegs noch das ‚Schmale Handtuch' und den ‚Schwejk', die zur Einkehr einluden. Da konnte man dann für die knapp zwei Kilometer die Frankfurter Straße hoch schon fast den restlichen Abend benötigen."

Wir ziehen jetzt auch die Frankfurter Straße hoch, vorbei am direkt um die Ecke gelegenen „et cetera", zu dem Eike auch

Weihnachtsfeier vorm „Sowieso".

„The Devil in Miss Jones" auf der „Sowieso"-Bühne.

Rechts Co und Niels von den „Boxhamsters".

noch eine Geschichte einfällt: „In den frühen 1980er-Jahren waren da ja hauptsächlich schwarze GIs zu Gast, denn der Laden stand in dem Ruf, gute Rap-Platten zu haben, was ja damals noch ganz neu war. Wir fanden das als Teenager auch ziemlich cool, also bin ich mit zwei Kumpels dort die steile, schmale Treppe runter, weil wir auch die neuen Hits hören wollten. Die Musik war zwar auch vorhanden, aber wir drei blonden Milchbubis wurden von den ganzen schwarzen Jungs eher misstrauisch angeschaut, als wir da im Keller auftauchten. Das war uns nicht so ganz geheuer, zumal wir auch an der Theke ignoriert wurden. Also wollten wir wieder gehen, aber am schmalen Ausgang versperrte ein total breiter Typ den Durchgang zur Treppe und guckte uns grimmig von oben herab an. Wir verzogen uns schwitzend zum Beratschlagen in 'ne Ecke und befürchteten, dass die jetzt Rache an uns nehmen würden für den jahrelangen Rassismus, der in der Luft lag. Als der Schrank dann nach 'ner Weile ein paar Schritte zur Seite ging, schossen wir sofort wie der Blitz die Treppe hoch. Hinter uns hab' ich es nur noch lange lachen gehört."

Red Brick

Szenetreff aus rotem Ziegelstein

Ein Stück weiter oben im Alten Wetzlarer Weg stoßen wir dann schon wieder auf ein Bermuda-Dreieck, denn so wird hier das Gebiet um „Red Brick", „Pupille", „Select" und „Tenne" genannt. Marianne Jung und Mahmud Hashash eröffnen 1978 das „Red Brick". Mahmud hat da schon Gastro-Erfahrung als DJ im „Haarlem" und als Geschäftsführer in Erwin Steinbachs „Bierbrunnen", dessen Thekendecke von einem Sudkessel gekrönt ist, sammeln können. Zuvor beherbergte das Gebäude das Kühlhaus der benachbarten Metzgerei. Doch zusammen mit Franco Bravise von der angrenzenden Pizzeria „Adria" steht dort bald die markante und namensgebende rote Backsteinfassade, die der Künstler und Maler Dieter Hangauer errichtet. Schnell ist die Kneipe mit der langen ovalen und ebenfalls aus roten Ziegelsteinen gemauerten Theke Szenetreff.

„Am Anfang hatten wir noch morgens ab zehn auf und haben Kaffee und belegte Brötchen verkauft, da ja die Dolmetscherschule ganz in der Nähe ist. Das haben wir aber bald gelassen, zumal wir schon bald eine der begehrten Nachtkonzessionen ergattern konnten und dann von Donnerstag bis Samstag bis drei Uhr morgens aufhatten. Am Anfang hat Mahmud noch Gesichtskontrollen am Eingang gemacht, aber nachdem er mal den Gießener Formel-1-Piloten Stefan Bellof nicht erkannt hat und der nicht reinkam, haben wir das dann doch gelassen", lacht Marianne. Eine ähnliche Erfahrung teilt übrigens Fußballweltmeister

Die markante Ziegelfront des „Red Brick".

Mahmud am „Red-Bick"-Eingang.

Uwe Bein, der gegen Ende seiner Karriere eine Weile beim VfB 1900 Gießen kickt. Er wird seinerzeit vom Türsteher des „Haarlem" nicht erkannt und darf dort nicht feiern.

Meist stehen fünf Leute hinterm „Brick"-Tresen, wobei auch immer ein DJ dazugehört. Einer der Plattenaufleger ist dabei der spätere Sport-Journalist Jörg Dahlmann, der Anfang der 1980er-Jahre als Student nach Gießen kommt. Und als eine der ersten weiblichen DJs legt Marianne auch selbst oft die Hits auf.

wenn sie die vorbeibrachte, wollte sie immer erst mal eine ‚Droge'", lacht Marianne. „Montags war manchmal weniger los, da haben wir dann sozusagen Party für uns selber gefeiert und unsere Lieblingshits aufgelegt und dazu getanzt. Aber am Wochenende war die kleine Tanzfläche immer proppenvoll. Nach ein bis zwei Pflichtrunden um die Theke, wo man nach bekannten Gesichtern geschaut hat, landete man eben auf einem Barhocker, sofern noch einer frei war, oder auf der Tanzfläche. Wenn wir dann Schluss hatten, sind wir oft noch nach nebenan zu Henry in die ‚Pupille'. Der Laden hieß ja so, weil Henry ein Glasauge hatte. Der hat so spät immer Konstantin Wecker gespielt, das hätte man gar nicht erwartet."

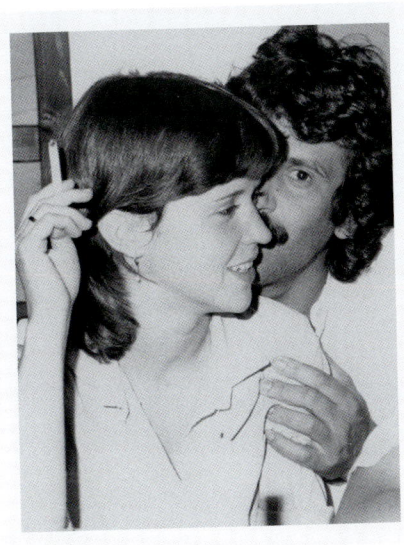

Das „Brick"-Besitzerpaar Marianne und Mahmud.

Stimmung am Tresen.

„Die Thekenmannschaft hatte oft ihre eigenen Fankreise, die den jeweiligen DJ oder die Bedienung anhimmeln, besonders nach den ersten Runden ‚Unsinn' oder ‚Droge', also Metaxa mit Pfirsichsaft oder Wodka-O. Die Drinks haben wir nach Feierabend ganz experimentell selbst zusammengemischt. Was uns geschmeckt hat, bekam einen schrägen Namen und kam auf die Getränkekarte. Meine Mutter hat immer die Handtücher gewaschen und

1988 wird das „Red Brick" dann umgebaut: Die Theke wird an die hintere Wand verlagert, was Marianne im Nachhinein als Fehlentscheidung sieht. Aber bald darauf geben sie und Mahmud aus persönlichen Gründen den Laden eh ab.

Jahre später gibt es dann übrigens auf einmal wieder ein „Red Brick", diesmal unten im Riegelpfad, wo zuvor die „Brezel" behei-

Am Tresen im „Red Brick" war immer rundlauf angesagt.

Frei Plätze an der Theke waren eine Seltenheit.

matet war. Die hat aber bis auf den Namen überhaupt nichts mit der alten Kultkneipe zu tun, hält sich dementsprechend auch nicht lange und beherbergte danach „Elli's Sportsbar". Aber das führt jetzt zu weit, wir sind ja noch im oberen „Bermudadreieck".

Bevor die „Pupille" ein Teil des Bermudadreiecks wird, ist sie unten an der Marburger Straße/Ecke Kennedy-Platz angesiedelt – eine Kneipe, deren Holzverkleidung Bullaugen als Fenster hat. Wirt Henry ist zuvor Zeitsoldat in der Gießener Steubenkaserne, wo er wohl auch mal mit einer Hantel nach seinen Vorgesetzten wirft und den, wenn es drauf ankommt, auch keine fünf Männer bändigen können. „Der ging in der späteren ‚Pupille' noch nachts die steile Treppe auf seinen Händen hoch", erinnert sich Rolf-Dieter.

Nur ein paar Schritt weiter ging es hinab in die „Pupille".

„Pupille"-Wirt Henry.

Von seinem Entlassungssold eröffnet er seine Kneipe. Micha Keil, der mit Henry befreundet war, erzählt: „Der Henry war ja ein ziemlicher Schrank, beim Bund ist der Ausbilder gewesen. Mir fällt da eine Geschichte ein, die so ziemlich erklärt, wie der Henry drauf war: Eines Nachts war noch ein Pärchen als letzte Gäste, so gegen ein Uhr, in der ‚Pupille'. Die drucksten erst ein bisschen 'rum und meinten dann, dass sie ihren Deckel nicht bezahlen könnten. Henry sagte dann, wenn sie sich beide ausziehen würden und nackt eine Runde um den Block flitzen, dann würde er ihnen den Deckel erlassen. Die beiden haben erst 'nen kleinen Moment gezögert, sich dann die Klamotten vom Leib gerissen und sind losgelaufen. Während sie nackt ums Karree flitzen, ist Henry gemächlich aufgestanden, hat die Kneipe hinter sich abgeschlossen und ging dann einfach nach Hause. Wie die zwei geguckt haben, als sie später wieder splitternackt vor der verschlossenen Kneipe standen, hat wohl leider niemand gesehen."

Rolf-Dieter vom „K.W." weiß: „Wenn der Henry selbst zu tief ins Glas geschaut hat, dann hat er sich einfach einen Gast auserkoren und ihm gesagt: ‚Du machst jetzt die Kneipe' und dann legte er sich in der Küche, wo er ansonsten sein legendäres Chili kochte, auf den Boden, um zu pennen. Oder er hat den Laden einfach mal ein paar Tage zugelassen, um mit seinen Kumpels selber auf Kneipentour zu gehen. Auf dem Klo stand ganz passend an die Wand geschrieben: ‚Gott erschuf in seinem Wahn/Gießen an der Lahn.'"

Während Henry im Urlaub ist, brennt die „Pupille" 1975 aus, da sein Mitarbeiter die Aschenbecher, in denen noch Kippen schwelen, in den Mülleimer kippt. Später eröffnete er unter dem gleichen Namen die Kellerkneipe im Alten Wetzlarer Weg, die zuvor „Das Knie" hieß, vermutlich, weil man sich selbiges auf der schmalen Treppe nach unten anschlägt. Hier ist alles eine Nummer kleiner und dementsprechend oft knüppelvoll. Auch hier ist er in seinem Element: Als der Laden nach Starkregen unter Wasser steht, zapft er als Kapitän mit einem Südwester auf dem Kopf weiter.

Tenne

Rustikale Baumstämme und ein ins Wasser gefallenes Straßenfest

Vom Alten Wetzlarer Weg geht es nun in die Friedrichstraße, wo auch die „Tenne" eine Ecke des „Bermudadreiecks" ist. Den Laden übernehmen Gaby und Siggi Prinz 1978 von Klaus Münstermann, der wiederum den Laden noch als „Rauchfang" übernommen und umgetauft hatte. Gaby kennt Klaus von der Zahnklinik her, wo beide arbeiten. Als Klaus Thekenverstärkung sucht, springt Gaby ein. Als Münstermann dann Gießen verlässt und anbietet, die Kneipe zu übernehmen, greifen die beiden zu. Der kleine, rustikale Laden, dessen Wände mit Baumstämmen verplankt sind, ist ein beliebter Anlaufpunkt, zumal auch eine Burschenschaft gleich gegenüber liegt, die den nahen Absturzplatz begrüßt. „Die haben Darts gespielt und immer, wenn ein Pfeil daneben flog, musste der Werfer 'ne Runde Pfläumchen ausgegeben. Manchmal waren die dann so blau, dass sie die Gläser rückwärts an die Wand geschmissen haben. Umsatzfördernd war dabei auch, dass die Theke ein klein bisschen nach vorne abfiel. Da musste man seine Hütchen schnell trinken, bevor sie runterrutschten. Am nächsten Tag kamen die Studenten dann reumütig zurück und haben gefragt, welche Schäden sie bezahlen müssen. Wobei ihr Kumpel, den sie besoffen im Kofferraum abgelegt und dann vergessen hatten, ihnen bestimmt mehr Ärger gemacht hat", weiß Gaby zu berichten.

Viel Holz, viel Schnaps.

Wirtin Gaby, die später auch den „Grünen Kranz" übernahm.

Kultwirt Heinz.

Stammtisch der Schoppenmannschaft „Torpedo Wiese" im „Grünen Kranz".

Fasching in der Tenne.

„Wir wollten auch mal Anfang der 1980er-Jahre ein Straßenfest auf die Beine stellen. Es war mit Zelten, Bühne und Ständen schon alles organisiert. Wir haben Schilder beim Ordnungsamt beantragt und die ‚Lahn River Jassband' gebucht und dann hat es dermaßen wie aus Eimern geschüttet, dass es einfach unmöglich war, irgendetwas zu machen. Wir mussten die ganze Nummer dann abblasen. Unsere Kneipenmannschaft war auch sehr beliebt, da man der bloß 'ne Kiste Bier hinstellen müssen, schon war die leer und die Mannschaft hat dann meist verloren. Nach einem Spiel in Saasen hat es tierisch gewittert und der Walter dachte sich, dass kann man prima ausnutzen, um sich abzuduschen, zumal es nach dem Spiel auf dem Platz keine Gelegenheit dazu gab. Also hat er sich von oben bis unten am Tresen mit Spüli eingeseift und wollte sich dann draußen auf der Friedrichstraße in den Regen stellen, der genau in diesen Moment aufhörte. Da stand er dann eingeseift in seiner Unterhose auf der Gasse. Wir haben ihn dann erlöst und eimerweise Wasser nach draußen geschleppt. Mit dem Wetter hatten wir wohl immer etwas Pech", lacht Gaby.

„Von der Margarethenhütte waren auch immer mal ein paar Jungs da. Die hatten sich nach dem Fußballturnier schick gemacht und hier ordentlich Cola-Asbach getrunken. Als dann irgendwann einer meinte, er würde nicht bezahlen, hab' ich gesagt, dass ich das dann wohl seinem Vater erzählen müsste. Darauf meinte sein Kumpel dann: ‚Ei, des is' doch die Tochter vom Maschner!', mein Vater war nämlich Betreuer beim ‚Blau-Weiß', wo die meisten Fußball gespielt haben. Die haben dann noch fünf Mark Trinkgeld gegeben, bevor sie sich kleinlaut verkrümelt haben."

Nachdem der Pachtvertrag keine Verlängerung bekommt, machen Gaby und Siggi später im „Grünen Kranz" weiter. Die alte Theke aus der „Tenne" aber wurde zur Gartenbank umgewandelt und steht seitdem als Erinnerungsstück in Gabys Garten.

Einer geht noch.

Ausweg

Rambazamba und die Die Toten Hosen

Wir ziehen die Frankfurter Straße weiter hoch, bis zum Ortsausgang kurz vor der Autobahnauffahrt. Dort liegt in einer alten Lagerhalle der „Ausweg". 1982 gegründet vom Zahnarzt Micha Pasig und von seiner Frau Margit „Maggie" als Chefin geführt, präsentiert sich die Location ganz im neoncoolen Charme der Zeit. Die gesamte Jugendkultur jenseits des Mainstreams trifft sich hier: Punks und Skins, Rocka- und Psychobillys, Mods und Existenzialisten und in der späteren Phase des Ladens auch die düstere Szene mit den Gothics.

Volker Seidler, der in Lollar ein Tonstudio betreibt, baut die Musikanlage in den Club ein. „Am Anfang, als der Laden erst inoffiziell geöffnet war, kamen mal die ganzen ‚Pegasus'-Jungs auf ihren Harleys durch die Tür bis an die Theke gebrettert. Und Maggie hinten auf 'em Sozius. Die Jungs im Laden haben da nur ganz gebannt auf ihr Dekolleté-Tattoo gestarrt", lacht er.

Als der „Ausweg" dann endlich offiziell eröffnet wird, kratzen schon um acht Uhr abends die ersten Teenager an der roten Stahltüre, zumal der Laden aufgrund der Sperrstunde schon um ein Uhr nachts dichtmachen muss. Außerdem macht die

Vorm Eingang, 1984.

Die Tanzfläche; so leer war sie nur ganz früh am Abend.

Polizei zu dieser Zeit gerne noch pünktlich um 22.00 Uhr Razzien, um sicherzustellen, dass keine Teens mehr unerlaubterweise unterwegs sind. Zum Glück lässt sich der große Flachbau leicht überblicken. Zur spartanischen Einrichtung gehören eine lange Theke an der langen Wand, eine kurze Theke an der kurzen Wand, ein paar Säulen und das Mäuerchen an

Vorm Tanzen war Kickern angesagt.

One step beyond.

der Tanzfläche. Und natürlich das DJ-Pult auf der Empore. „Wir standen ab kurz vor zehn dann immer an der hinteren Ecke bei den Flipperautomaten, denn dort war auch der Notausgang, an dem es dann auch schnell wildes Gedränge gab, sobald vorne die grünen Mützen auftauchten und im Laden Ausweiskontrollen machen wollten", erinnert sich Eike.

Martina, die in den 1980er-Jahren Stammgast war, erzählt: „Ich habe mir teilweise Klamotten nur für den Abend genäht, besonders extravagant, nur leider so schlecht zusammengetackert, dass sie auch nur den einen Abend gehalten haben. Von der Einrichtung her hab'

ich eigentlich nur die ollen Holzstühle auf der Empore und irgendwelche schwarzen Boxen in Erinnerung – nie viel Schnickschnack, kaum Deko. Die Gäste waren das Interieur. Pünktlich fünf vor eins Licht an, aus die Maus. ‚New York, New York' oder ‚Probier's mal mit Gemütlichkeit' gab es dann als Rausschmeißersong. Wenn das Licht anging, lag unter dem Jackenberg hinten an der Wand auch öfters mal ein Punk. Und wenn der Olle schlechte Laune hatte, hat er drei Stunden lang nur AC/DC gespielt. Da gab's auch mal 'nen Sitzstreik auf der Tanzfläche."

Aber ansonsten ist die Tanzfläche meist rappelvoll, was an ambitionierten DJs wie Marek liegt, der dort auch ein bisschen seine Starallüren ausleben darf. Schließlich bringt er mit gutem Gespür neue Platten aus den fernen Metropolen mit. Das Herrschaftswissen über die aktuellen Titel und Interpreten teilt er aber längst nicht mit jedem. Dafür ziehen er und seine Kollegen schnell das Szenepublikum von Frankfurt bis Kassel an. Und jede Szene bekommt am Abend ihre eigene Viertelstunde gewidmet. Die Psychobillys und Punks rumpeln sich beim Pogo über die Tanzfläche, bei den Sixty-Beats tanzen die schwarz geklei-

Delak und Uwe vorm „Ausweg",
Mitte der 80er.

Livesound auf der Empore.

Eintrittskarten zu ...

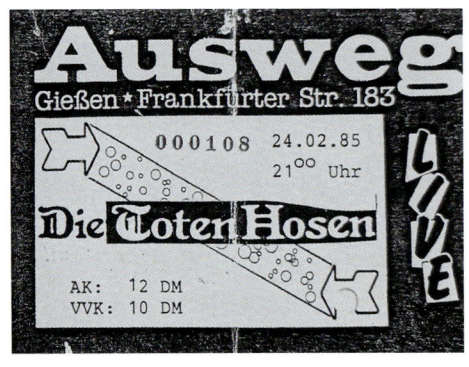

... „Ausweg"-Konzerten.

deten Exis um ihre Handtaschen und bei den Ska-Stücken zeigt Axel „Skaxel" seine Tanzmoves zu Selecter, Specials und Madness. Die draußen groß an die Fassade gepinselten Ska-Tänzer geben die Richtung vor. Aber die Musik kommt nicht nur von den DJs, die Empore dient auch als Bühne für Bands aus aller Welt, wie „Die Toten Hosen", „Leningrad Cowboys", „The Bollock Brothers" oder „The Meteors", die regelmäßig den „Ausweg" brodeln lassen.

Philipp erinnert sich: „1989 stand die Ami-Grungeband ‚Mudhoney' nach ihrem Auftritt durstig am Tresen und wollten ein paar Bier abpumpen. Die haben sich Weizenbier geordert, was sie aber wohl noch nicht kannten. Denn statt es aus 'nem Glas zu trinken, haben sie die Flaschen angesetzt, so dass ihnen gleich das sprudelnde Bier direkt aus der Nase schoss."

„Wir waren ja damals schwer prekär, mit unseren Lehrlingsgehältern. Da haben wir immer mal versucht, Bierflaschen von der Tanke mit reinzuschmuggeln. Wenn das nicht geklappt hat, fing der Dreisatz an der Theke an, um zu kucken, was sich am ehesten lohnte. Volumen, also 0,3- oder 0,5-Liter-Gebinde, dazu der Alkoholgehalt, meist irgendwas zwischen 4,5 und 6 Prozent, und letztlich der Preis. Da konnte man dann endlich mal den Matheunterricht aus der Schule praktisch anwenden und letztlich sind wir dann meistens beim Weizenbier hängen geblieben, aber aus dem Glas", lacht Eike.

Nach der Sperrstunde geht es dann zwar nicht mehr drinnen weiter, dafür aber oft noch auf der Straße. Die „Town Rebels", eine Rockabilly-Band, die sich im Ausweg-Umfeld zusammengefunden hat, legt dann auch mal spontan einen Auftritt auf dem Grünstreifen der breiten Frankfurter Straße hin. Und Fred, der meist mit seinem Ford Ltd, Baujahr '72 vorfährt, lädt sich den metallic-grünen Oldtimer mit Leuten voll und fährt aus purer Lust am Cruisen durch die nächtlichen Straßen. Wenn das Auto voll ist, also auch ganz hinten vier Mann mit den Füßen in der Verdeckgrube auf der Karosserie hocken, geht es schon mal mit zwölf Leuten an den Heuchelheimer See oder im Rückwärtsgang durch die Stadt. „Ich hab' aber auch immer mal gerne die Leute nach Hause gefahren, nach Marburg oder in den Ebsdorfer Grund. Sogar nach Düsseldorf und Berlin sind wir nachts noch spontan gebrettert", erzählt Fred.

Eike erinnert sich: „Auf der Tanzfläche war zwar immer ganz schön Rambazamba, aber das hat keinen gestört. Bloß auf den Treppenstufen hocken und wegdösen ging nicht, da kam gleich Toni, der Rausschmeißer und hat dich wachgerüttelt. Irgendwann haben wir auch mal die Rückseite des ‚Auswegs' oben beim Parkplatz mit Sprühdosen verschönern wollen und sind prompt erwischt worden. Das konnten wir an den nächsten Tagen wieder weiß streichen und es gab 'n paar Monate Hausverbot. Da war dann das ‚En Vogue' meist die Alternative. Auch wenn der Laden natürlich eher 'ne schicke Disko war, wo man sich vor den Spiegelwänden selbst beim Tanzen zugucken konnte."

Links Türsteher Toni vor dem „Ausweg-Logo.

En Vogue

Boxer, Türsteher und ein nächtlicher Ausflug

Dorthin, in die Nordanlage, zieht es uns jetzt auch. Wir treffen uns mit André Lotz und Herbert Nowacki. Die beiden haben im „en Vogue", beziehungsweise der Vorgängerin „Queen Elisabeth", die Tür gemacht und können uns ein bisschen von dieser Zeit berichten. „Ich war ja ursprünglich in allen Gießener Brennpunkten zu Hause. Beim Eddie Ries im ‚Schiefen Balken' auf'm Eulenkopf, im ‚Café Sauer' auf der Gummiinsel und dann kam meine damalige Frau von der Margarethenhütte, wo der ‚Henz' war. Das hat mich für die Szene sensibilisiert, da musste man sich anpassen. Wenn einer gesagt hat, er kennt den Nowacki, bekam der meist wahlweise auf die Backen gehauen oder er wurde herzlich zum Essen und Trinken eingeladen", lacht Herbert.

„Anfangs, in den 1960er-Jahren, war ich auch als Chauffeur für die Hombach-Brüder unterwegs, die ja ursprünglich aus Offenbach kamen und im ‚Go-Go Club' in der Bahnhofstraße als Rausschmeißer beim ‚Hitchcock' gearbeitet haben. Die beiden waren ja Boxer – ab und an hab' ich mit denen trainiert, wobei da auch manchmal der René Weller dabei war, der war dann schon 'ne Nummer gefährlicher. Die beiden hab' ich 'ne Weile in ihrem Opel Admiral durch die Gegend gefahren.

Und wir hatten uns noch einen kleinen Nebenverdienst aufgebaut, indem ich die kleinen Cola-Flaschen am Chef vorbei in den Laden

Heike Will an der Theke mit vielen Spiegeln und ordentlich Lightshow.

geschmuggelt habe und auf dem Rückweg die leeren Flaschen wieder mit raus. Später war ich dann mit dem Taxi unterwegs, hab' hauptsächlich die Amis gefahren, weil ich all die Ecken kannte, wo sie bekamen, was sie für ihre Abendgestaltung suchten. Vor der ‚Queen' standen wir immer und mussten da oft auch mal Krankentransporte machen, wenn es drinnen Schlägereien gab. Die Kontrahenten mussten in verschiedene Krankenhäuser gefahren werden, damit die Keilerei im Krankenhaus nicht direkt weiterging. Wenn zu der Zeit jemand Lokalverbot bekam, ging das auch über die Taxizentrale – klar, da gab es ja noch keine Handys. Es wurde dann in der Zentrale angerufen und wir bekamen gesagt, wen wir nicht mehr mitnehmen sollen.

Mit den Amis gab es viel Stress, weil viele dabei waren, die durch den Vietnamkrieg traumatisiert waren. Die machten zwar Ärger, hatten aber halt auch Dollars. Deswegen wurden sie dann im Gegenzug auch manchmal von den Bedienungen abgezogen. Da die GIs ja nie ein Portemonnaie dabeihatten, sondern ihre Scheine immer nur lose in der Tasche trugen, legten sie dann oft ihre ganze Kohle auf den Tresen. Und manche Bedienung kam dann mit einem Tablett an, das von unten nass gemacht wurde, stellten das kurz auf der Theke ab und die Dollars blieben unten dran kleben", erzählt Herbert.

Als Herbert dann mal Ärger mit der Polizei bekommt, ist der Führerschein weg. Durch seine Szenekontakte bekommt er aber schnell einen Job an der Tür bei den Rosenbergs in der „Queen Elisabeth". „Ich hab' mir in den Clubs nie was gefallen lassen, das hat sich schnell rumgesprochen", so Herbert. „Außerdem", ergänzt André, „war der Herbert ein richtiger Frauenflüsterer. Mit seinen schwarzen Locken, die er damals hatte, sah er richtig exotisch aus, war außerdem sportlich und herzlich – das mochten die Mädels." Herbert erklärt: „Wenn du an der Tür stehst, repräsentierst du ja auch den Laden. Da hab' ich auch schon ein bisschen den Lebemann raushängen lassen. Man muss schon die richtige Grundhaltung haben. Als Bürohengst kannst du den Job nicht machen." André lacht: „Wir waren da schon der Mittelpunkt. Wäre ich damals bei einem Therapeuten gewesen, hätte er mir bestimmt diagnostiziert, dass ich zu raumeinnehmend wäre und dadurch die Leute einschüchtere. Er hätte mir dann wohl nahegelegt, mich etwas zurückzunehmen."

„Über der Eingangstür war so ein Licht, das anging, wenn jemand reinwollte, und in der Türe war eine Klappe, durch die man dann kucken konnte, wer da rein wollte. Das war wohl noch aus der Zeit der ‚Corso-Bar', die zuvor dort war. Da ging es oft hart zu und bei einer Schießerei wurde der Onkel des Besitzers, der Walter Kersten, erschossen. Ich hatte irgendwann keine Lust, jedes Mal aufzustehen, wenn das Licht anging und ließ die Tür einfach auf. Irgendwann standen auf einmal fünf bunt gekleidete, schwarze GIs in der Tür. Aber die interne Ansage war, dass Amis nicht rein sollten, da es eben oft Stress gab. Also hab' ich erzählt, dass nur Club-Members Zutritt in den Laden hätten. Als die dann diskutieren wollten, kam der Night-Manager und meinte zu ihnen, dass sie nicht reinkämen, weil sie schwarz wären und schmiss die Tür zu. Als ich noch mit ihm darüber stritt, dass er die GIs

Je mehr Löcher, desto teurer.

nicht beleidigen solle, ging wieder das Licht an. Ich machte die Klappe auf und eine riesige, schwarze Faust flog direkt auf mich zu und beförderte mich ins Krankenhaus", erinnert sich Herbert.

André erzählt, wie er zu dem nicht ganz ungefährlichen Türsteherjob kam: „Das war so Ende der 1970er-Jahre und ist eigentlich eher zufällig passiert. Ich war Stammgast, man kannte sich halt und als mal ein Mann ausgefallen ist, bin ich da einfach eingesprungen. Man musste an der Tür auch was hermachen, da hab' ich mich in Frankfurt richtig nobel eingekleidet. Ich weiß noch, dass ‚Aigner' damals als Marke schwer angesagt war. Als der Chef abends dann mit seinem Zigarillo auf seine übliche Clubrunde ging und gesehen hat, dass ich die gleiche Hose wie er anhatte, hat er mich mit seinem Todesblick angeschaut und ist direkt verschwunden, um sich umzuziehen. Das konnte er nicht ertragen."

„Wenn der Chef seinen Auftritt hatte, dann stellte er sich an den Tresen, nickte kurz in Richtung der Bedienungen, die zeigten ihm dann mit ihren Fingern an, wie viel Eimer Eiswürfel an dem Abend schon in die Getränke gingen. So konnte er sich direkt seinen Umsatz hochrechnen und wusste, bei mehr als vier Fingern war der Abend gerettet. Da hat sich die Belegschaft dann auch öfter mal aus Spaß und Übermut mit den teuersten Flüssigkeiten gegenseitig überschüttet – Champagner oder Chivas Regal. Er hat dann immer ‚Net übern Kopp!' gerufen, weil er schwer darauf geachtet hat, dass er sorgfältig frisiert war.

Für uns gab es auch die Ansage, dass die Jungs von der Gummiinsel nicht in den Laden rein sollten. Das war natürlich blöd für mich, weil ich dort viele Kumpels hatte. Die standen dann an der Türe, begrüßten mich und ich sollte ihnen erklären, dass sie nicht rein dürfen. Das wurde mir irgendwann zu viel und ich hab' dem Chef gesagt, dass er sich selbst an die Tür stellen soll, wenn die Insel-Jungs kommen, damit er ihnen das selber sagen kann. Nach knapp zwei Jahren hatte ich dann aber auch genug von dem Job", erzählt Herbert weiter. Dass das Nachtleben schon früh bei ihm seine Spuren hinterlassen hat, wundert André nicht: „Ich weiß noch, als Grundschüler, da kannte ich die Uhr noch nicht so richtig und hab' noch den kleinen und den großen Zeiger verwechselt. Und irgendwann im Winter, es ist noch dunkel draußen, wache ich auf, guck' auf die Uhr und denke, es wäre schon viertel vor acht. Also schnapp' ich mir meinen Schulranzen und mach' mich von der Weserstraße aus auf den Weg Richtung Schillerschule. Aber irgendwann wunder' ich mich, dass außer mir niemand auf der Straße unterwegs ist und alle Häuser noch dunkel sind. Klar, es war ja in Wirklichkeit auch erst viertel nach drei.

Auf der verspiegelten Tanzfläche im „En Vogue".

Ich bin dann also in das nächstbeste Haus mit schöner, roter Beleuchtung gegangen. Tja, das war die ‚Pigalle'-Bar. Die Ladys fragten mich natürlich, was ich um die Uhrzeit so allein draußen mache und fingen an, sich um mich zu kümmern. Das war mir dann aber nicht geheuer, sodass ich abgehauen bin. Als ich bei der Feuerwehr ankam, fuhr ein Mann mit dem Rad an mir vorbei und fragte, wo ich denn hin will. Da bin ich erst recht gelaufen, weil ich dachte, dass is' ein Kinderanpacker. Er hat mich dann eingesammelt, mit zur Feuerwehr genommen und von dort die Polizei angerufen, die mich dann letztendlich nach Hause gebracht hat. Also hab' ich als Sechsjähriger schon gleich in einer Nacht Kontakt zu den Prostituierten, der Polizei und der Feuerwehr gesammelt", grinst er.

Bloß nicht verlieren! Das konnte teuer werden.

Pulvermühle

Familienfeiern, Stammtische und ein großer Biergarten

Über die Sachsenhäuser Brücke hinweg, auf der anderen Lahnseite, geht es schon etwas gesitteter zu, wenn auch keinesfalls ruhiger. Denn die „Pulvermühle" hat, abgesehen von der „Zwibbel", weit und breit den einzigen Biergarten. Der liegt damals noch in einem Urwald alter Bäume und bietet fast 200 Besuchern Platz. Drinnen gibt es dann noch mal für weitere 90 Gäste Sitzgelegenheiten.

Helgard Rudolph betreibt zuvor die „Bürgerstube", die später mal das „Key West" sein wird, bekommt dann aber 1966 von der Gießener Brauerei das Angebot, diese stadtnahe Oase im Herzen der Natur zu übernehmen. Tochter Gabi, die schon von Beginn an mithilft, erinnert sich: „Das war ein richtiges Biotop. Salamander gab es dort, Eulen und Nachtigallen haben in den Bäumen gebrütet und auch die Enten. Deren Küken haben wir dann unter die Fittiche genommen, damit sie nicht abstürzten. Später haben sie dann im Planschbecken auf der Besucherterrasse gebadet. Da wir alle sehr tierlieb waren, hatten wir einen regelrechten Streichelzoo. Fasane gab es und die Hühner sind zwischen den Gästen herumgelaufen. Mancher Stammgast hat sich da einen Scherz draus gemacht und sie mit in Bier getauchtem Brot gefüttert, damit sie dann besoffen zwischen den Tischen herumtorkeln. Und natürlich waren da noch unsere Pferde. Wir waren übrigens auch das letzte Lokal, das noch mit der Pferdekutsche beliefert wurde. Zehn Tiere hatten wir, auch zwei alte Ponys, die ihr Gnadenbrot bei uns

Postkarte aus den 1960ern.

Lokalrunde in den 70ern.

Gut sortiert und rustikal.

Zünftige Blasmusik am Ufer der Lahn.

Mit der Kutsche ging es durch die Felder.

bekamen. Mein Opa war ein regelrechter Pferdeflüsterer. Da, wo später mal der Minigolfplatz sein würde, hatten wir die Stallungen. Mein Opa machte Kutschfahrten und gab Reitunterricht. Als die Lahn später begradigt wurde und ihr viele Bäume zum Opfer fielen, standen wir heulend im Garten.

Wir hatten in der ‚Pulvermühle' viele Familienfeiern und Stammtische. Da war alles vertreten, vom Rechtsanwalt bis zum Schwellenhopser, also den Jungs, die die Bahngleise kontrollierten. Auch von der Gummiinsel kamen viele Gäste. Als meine Mutter anfing, Tischdecken aufzulegen, meinten einige, sie würden nicht mehr kommen, das wäre ihnen jetzt zu vornehm. Aber die Leute von der Insel hatten das Herz auf dem rechten Fleck. Ich erinnere mich noch an den Jacko, der saß länger im Knast, als er draußen war. Der kam in seinem besten Anzug, um an seinem Rommé-Stammtisch um Geld zu zocken, als in dem Moment eine Frau von der Lahnbrücke sprang. Der Trenchcoat, den sie anhatte, blähte sich im Wasser wie ein Ballon auf und sie trieb die Lahn hinunter. Jacko ist gleich hinterhergesprungen, um sie zu retten, nur um von ihr direkt danach zusammengestaucht zu werden, was ihm wohl einfiele.

Wenn das Wetter schön war, dann hieß es auch mal schnell: ‚Geh' auf'n Markt und hol' bei der Frau Mappes hundert Handkäs' oder beim Speier Karl in Launsbach hundert Schnitzel.' Man musste zügig umdisponieren können. Und wir haben damals schon darauf geachtet, dass unser Essen regional war. Es war zwar wie überall um ein Uhr Sperrstunde, aber wenn die Stimmung gut war, ging es auch mal bis fünf Uhr morgens. Mein Vater Heinz-Rudolf hat dann oft auf dem Akkordeon gespielt. Einmal wurde in feuchtfröhlicher Runde einem Stammgast der Bart mit Schlagsahne eingeseift und dann wurde er rasiert.

Einer unserer Stammgäste ist auch mal mit dem Taxi ins ‚Camelot' in der Marburger Straße gefahren und hat da ein Tablett Cocktails für uns besorgt. Die Betreiber, der Klaus Büchler und der Rudolf Panz, der auch das ‚Select' hatte, waren Freunde von mir. Die haben dann in der Bahnhofstraße auch das ‚White Elephant' eröffnet. Den Namen habe ich aus unserem gemeinsamen Besuch in den USA mitgebracht. Elefanten mochte ich schon immer sehr und ich hab' gemeint, in Florida wird wohl keiner was dagegen haben, wenn der Name auch in Gießen benutzt wird. Der Laden war von einer Schreinerei mit Schleiflackarbeiten eingerichtet, Bilder von Alois Janak hingen an den Wänden, das war richtig edel.

Trotzdem haben viele Besucher lieber weiter weg geparkt, da ihnen die Bahnhofstraße zu anrüchig war. Das war dann umso besser für mich, denn ich konnte direkt vor der Türe parken", lacht Gabi. „Schließlich war der Besitzer vom ‚Moulin Rouge', der Harry Weinberg, ein Jugendfreund von meinem Vater. Der hatte auf seiner kleinen Bühne eine Show, wo sich die nackten Damen auf einem Lipizzaner herumräkelten. Und das Pferd stand bei uns auf der Weide, wo ich es tagsüber reiten durfte."

Vater Heinz-Rudolf sorgt für Stimmung.

Ein Ausflug ins Grüne, direkt in der Stadt.

Auch in der „Pulvermühle" wurde ordentlich Fasching gefeiert.

Schlusswort

Anders, aber prima

Hier am Lahnufer beenden wir unsere Tour durch wilde Zeit der Gießener Kneipen, Clubs und Discos. Bei unserem Streifzug waren wir uns fast nur in der Innenstadt unterwegs, denn wenn wir noch alle Randlagen und Eingemeindungen besucht hätten, wäre wohl jedes Format gesprengt worden. Allein Wieseck hatte einstmals 34 Kneipen! Eine Reihe der Türen der von uns besuchten Lokale sind schon seit langer Zeit für immer geschlossen, aber hinter einigen Tresen können wir immer noch Wirtinnen und Bedienungen treffen, mit denen man beim Bier wunderbar über alte Zeiten, aber auch über neue Ideen plaudern kann. Denn der oft gehörte Satz „Ach, das war'n noch Zeiten" stimmt eben nur halb. Denn heute sind immer noch Zeiten, nur eben andere. Und die sind auch prima, was man bei einem kleinen Zug durch die Gemeinde feststellen kann.

Weitere Bücher über Ihre Stadt

Norbert Schmidt
Vom Selterstor zum Hawwerkaste
Geschichten und Anekdoten aus dem Gießen früherer Jahre
80 S., Hardcover, S/w-Bilder
ISBN 978-3-8313-1643-4

Falk-Ingo Klee
Dunkle Geschichten aus Gießen
Schön & schaurig
80 S., Hardcover, S/w-Bilder
ISBN 978-3-8313-3361-5

Annerose Sieck
Mittelhessen – 1000 Freizeittipps
208 S., Broschur, zahlr. Farbfotos
ISBN 978-3-8313-2899-4

Friedhelm Müller
Weihnachtsgeschichten aus Mittelhessen
80 S., Hardcover, S/w-Fotos
ISBN 978-3-8313-2392-0

Wartberg-Verlag GmbH Bücher für Deutschlands Städte und Regionen
Im Wiesental 1 | 34281 Gudensberg Tel. 0 56 03-93 05 0
www.wartberg-verlag.de Fax 0 56 03-93 05 28